Linda Kreisz

Wenn Mama und Papa
anders sind

D1732338

Linda Kreisz

Wenn Mama und Papa anders sind

Sozialethische Betrachtung der Elternschaft von Menschen
mit geistiger Behinderung

Tectum Verlag

Linda Kreisz

Wenn Mama und Papa anders sind.
Sozialethische Betrachtung der Elternschaft von Menschen
mit geistiger Behinderung
ISBN: 978-3-8288-2075-3

Umschlagabbildung: © krockenmitte | photocase.com

© Tectum Verlag Marburg, 2009

Besuchen Sie uns im Internet
www.tectum-verlag.de

Bibliografische Informationen der Deutschen Nationalbibliothek
Die Deutsche Nationalbibliothek verzeichnet diese Publikation in der
Deutschen Nationalbibliografie; detaillierte bibliografische Angaben sind
im Internet über http://dnb.ddb.de abrufbar.

Dank

Mein Dank gilt allen, die mich während des Studiums und beim Schreiben der Diplomarbeit unterstützt haben.

Vor allem Jesus, ohne den ich nicht da wäre wo ich heute bin.

Ferry und meinen Eltern, die in großem Maße dazu beigetragen haben, dass ich das Studium so gut abschließen konnte.

Eva, für die aufbauenden und motivierenden Telefonate während unserer gemeinsamen Zeit an der EFH.

Juppi, die durch das Korrekturlesen erheblich dazu beigetragen hat, dass Hausarbeiten und die Diplomarbeit leserlich geworden sind.

Prof. Dr. phil. Fritz-Rüdiger Volz, für die Begleitung der Diplomarbeit, die Informationen, Denkanstöße und herausfordernden Gespräche die mich dahin gebracht haben meine Arbeit immer wieder zu überdenken.

Petra Thöne, der Leiterin der Eltern-Kind-Einrichtung der *Begleiteten Elternschaft* in Bielefeld. Durch das persönliche Gespräch und die Führung durch die Einrichtung konnte ich mir ein besseres Bild davon machen, wie die Begleitung der Familien gestaltet werden kann und welche Voraussetzungen für das Gelingen erfüllt sein müssen.

Vorwort

Seit ich mich mit dem Thema der Elternschaft von Menschen mit geistiger Behinderung beschäftige, bin ich immer wieder damit konfrontiert worden, dass Eltern mit einer geistigen Behinderung in der Gesellschaft nicht wahrgenommen werden. Wenn ich davon erzählt habe, dass ich eine Arbeit über die Elternschaft von Menschen mit Behinderungen schreibe, wurde in fast allen Fällen verstanden, dass ich über Eltern von einem geistig behinderten Kind schreibe. Nachdem ich dann darauf hingewiesen hatte, dass es bei meinem Thema darum geht, dass Menschen mit einer geistigen Behinderung Kinder bekommen, sah ich ausnahmslos in überraschte und verwunderte Gesichter. „Gibt es das überhaupt?" war die am häufigsten gestellte Frage.

Auch meine Kollegen in einem Wohnheim für erwachsene Menschen mit geistiger Behinderung schienen über dieses Thema nicht viel nachgedacht zu haben. Sie wussten zwar von mindestens zwei Fällen, dass Bewohnerinnen ein Kind bekommen hatten, wären aber dennoch damit überfordert gewesen, wenn eine Bewohnerin ihren Kinderwunsch geäußert hätte. Auch die Heimleitung konnte mir keine Informationen darüber geben, wie mit dem Kinderwunsch oder der Schwangerschaft einer Bewohnerin umgegangen werden sollte. Eine Broschüre oder Informationen zu der Thematik gibt es nicht.

Dass es Eltern mit einer geistigen Behinderung in Deutschland gibt, wurde bei einer Fragebogenerhebung bereits im Jahr 1993/94 von Ursula Pixa-Kettner festgestellt. Die Unterstützungsformen sind unterschiedlich, speziell auf die Begleitung der Elternschaft ausgerichtete Angebote gibt es jedoch noch sehr wenige.

1 Einleitung

1.1 Persönliche Motivation

Nach dem Abitur im Jahr 2004 begann ich ein Diakonisches Jahr in einem Wohnheim für Menschen mit geistiger Behinderung, in dem ich erste Erfahrungen mit Menschen mit Behinderungen machte.

In diesem einen Jahr lernte ich nicht nur die unterschiedlichen Bewohner und Bewohnerinnen dort kennen, sondern erfuhr auch einiges über die Vergangenheit der Einzelnen.

Besonders betroffen war ich von der Geschichte einer Bewohnerin, die vor über 20 Jahren von einem Nachbarn im Schrebergarten regelmäßig missbraucht wurde, bis sie schwanger wurde.

Wie die Bewohnerin und ihre Familie damit umgegangen sind, habe ich nicht in Erfahrung bringen können, nur das das Kind zur Adoption frei gegeben wurde und kein Kontakt zwischen Mutter und Kind besteht. Mit diesem Hintergrundwissen konnte ich dann das mir manchmal seltsam erscheinende Verhalten der Bewohnerin besser deuten und nachvollziehen. Wenn wir spazieren gingen, machte sie immer einen großen Bogen um Männer, die uns entgegen kamen und bei männlichen Praktikanten war sie zu Beginn immer sehr vorsichtig und teilweise sogar ängstlich. Auch in ihrem Zimmer fiel auf, dass sie Unmengen an Puppen in ihrem Bett liegen hatte, die ihr kaum Platz zum Schlafen ließen.

Einige Zeit später bekam ich dann zufällig mit, dass eine Bewohnerin einer anderen Wohngruppe regelmäßig Besuch von ihrem Sohn bekommt, der keine Behinderung hat und ein ganz normales Leben führt. Deshalb dachte ich immer öfter darüber nach, ob Menschen mit einer geistigen Behinderung allgemein in der Lage sind, nicht nur Kinder zu *bekommen*, sondern auch mit ihnen zusammen zu leben, sie zu versorgen und zu erziehen.

Im Rahmen des Studiums stieß ich bei der Suche nach einem Prüfungsthema dann auf ein Wohnheim für Eltern mit geistiger Behinderung und ihre Kinder. Mir war bis dahin nicht bekannt, dass es solche speziellen Einrichtungen überhaupt gibt.

Da ich regelmäßig beim Lesen von Büchern, Zeitungsartikeln oder im Internet den Eindruck hatte, dass die Elternschaft von Menschen mit geistiger Behinderung kein offen besprochenes Thema in der Behindertenhilfe ist, wählte ich es für meine Arbeit aus. Ich möchte über die

Elternschaft von Menschen mit geistiger Behinderung informieren, Missverständnisse aufklären und Hilfestellung geben, falls in einem Wohnheim der Kinderwunsch oder die Schwangerschaft einer Bewohnerin eine Beschäftigung mit der Thematik erfordern.

1.2 Inhalt und Aufbau

Ich möchte kurz darauf hinweisen, dass ich mich in dieser Arbeit ausschließlich mit Menschen mit einer geistigen Behinderung befassen werde. Die Elternschaft von Menschen mit anderen Behinderungen ist sicherlich auch von Schwierigkeiten begleitet, die Problematik der Selbstbestimmung wird in ihrem Fall jedoch nicht so alltäglich sein wie bei Menschen mit einer geistigen Behinderung. Deshalb beschränke ich mich auf den Personenkreis von Menschen bzw. Eltern mit einer geistigen Behinderung oder Lernbehinderung. Unter dem Begriff *geistige Behinderung* verstehe ich einen angeborenen oder erworbenen Intelligenzdefekt verschiedenen Schweregrades, der Auswirkungen auf die psychische Entwicklung, die Lernfähigkeit, die Person und ihr Sozialverhalten hat und die Person häufig von lebenslanger Unterstützung und Hilfestellung abhängig macht.[1]

Im Folgenden werde ich von Menschen mit geistiger Behinderung sprechen und möchte darauf hinweisen, dass schnell der Eindruck entstehen kann, dass ich damit zu allgemein von Menschen mit geistiger Behinderung spreche. Ich bin mir darüber bewusst, dass es ein Problem ist, dass Menschen mit geistiger Behinderung alle „in einen Topf geworfen werden". In der Realität gibt es „den Menschen mit geistiger Behinderung" nicht. Jeder ist in seiner Persönlichkeit und auch in seiner speziellen Behinderung individuell. Dennoch gibt es Themen, die solche Menschen ähnlich erlebt haben oder mit ähnlichen Problemen zu tun haben – vor allem bei der Elternschaft. Deshalb verwende ich den allgemeinen Begriff von Menschen mit geistiger Behinderung mit dem Bewusstsein, dass zu dieser Gruppe sehr unterschiedliche Menschen gezählt werden.

Zu Beginn der Arbeit möchte ich kurz die Veränderungen der Rechte von Menschen mit geistiger Behinderung darstellen, die in den letzten Jahrzehnten stattgefunden haben. Glücklicherweise gab es eine Verände-

---

[1] Eine detaillierte Definition des Begriffs *geistige Behinderung* wäre im Zusammenhang mit dem Thema dieser Arbeit sicherlich sinnvoll, würde aber den Rahmen der Arbeit übersteigen. Deshalb möchte ich auf das Buch von Corinne Wohlgensinger hinweisen, die sich ausführlich mit unterschiedlichen Sichtweisen beschäftigt.

rung von der Verwahrung in Anstalten hin zur selbst bestimmten Lebensführung in unterschiedlichen Wohnformen. Da das Normalisierungsprinzip in diesem Zusammenhang von hoher Bedeutung ist, möchte ich auch darauf kurz eingehen.

Um deutlich zu machen, unter welchen schwierigen Bedingungen Menschen mit einer geistigen Behinderung auch heute noch leben, werde ich danach auf die verschiedenen Lebensbereiche wie den familiären Hintergrund, die Wohnsituation, Partnerschaft, Ehe und Sexualität eingehen. Die Hintergrundinformationen können dabei helfen zu verstehen, warum die Elternschaft von Menschen mit geistiger Behinderung so problematisch sein kann.

Sollen Menschen mit einer geistigen Behinderung Kinder bekommen? Diese Fragestellung möchte ich von verschiedenen Seiten betrachten und überlegen, ob man eine allgemeine Antwort darauf geben kann. Des Weiteren möchte ich darauf eingehen, ob es überhaupt vertretbar ist, stellvertretend für Menschen mit einer geistigen Behinderung über eine Elternschaft zu entscheiden. Um es in den Worten von Ilse Achilles auszudrücken: „Muss ein geistig behinderter Mensch Kinder haben dürfen?"[2] Um diese Fragen zu beantworten, ist es wichtig sich mit der Selbstbestimmung bzw. Autonomie von Menschen mit geistiger Behinderung zu befassen, die vor allem bei dem Kinderwunsch von großer Bedeutung ist. Ich werde prüfen, ob Menschen mit einer geistigen Behinderung autonome Entscheidungen treffen können. Anschließend werde ich darstellen, ob und wann Eingriffe in die Selbstbestimmung eines Menschen erlaubt sind und wann paternalistische Eingriffe gerechtfertigt werden können. In dem Zusammenhang komme ich zum Begriff *Kompetenz* und zu *elterlichen Kompetenzen*.

Anschließend werde ich darauf eingehen, warum spezielle Betreuungsangebote für Eltern mit geistiger Behinderung notwendig sind und welche Schritte wichtig sind, wenn eine Frau mit geistiger Behinderung schwanger geworden ist. Danach komme ich zur Begleitung während der Schwangerschaft und den rechtlichen Aspekten der Elternschaft von Menschen mit geistiger Behinderung. Auch die Situation der Kinder möchte ich näher betrachten und auf eventuelle Probleme hinweisen. Die Frage, ob es für ein Kind zumutbar ist als Kind von Eltern mit einer geistigen Behinderung geboren zu werden und bei ihnen aufzuwachsen, möchte ich ebenfalls diskutieren.

---

[2] Achilles 1990, S. 8

Im folgenden Punkt werde ich auf die begleitete Elternschaft näher eingehen und Punkte wie die Betreuungsmöglichkeiten, die Finanzierung, die Dauer, die Inhalte und die Mitarbeiter der begleiteten Elternschaft eingehen.

Ziel der Arbeit ist es einen Leitfaden zusammen zu stellen, der Mitarbeitern der Behindertenhilfe einen guten Überblick über die wichtigsten Aspekte der Elternschaft von Menschen mit geistiger Behinderung verschaffen kann. Er soll dabei helfen mit dem Kinderwunsch einer geistig behinderten Frau oder eines Paares verantwortungsvoll umzugehen und sie bei der Entscheidung für ein Kind zu beraten und zu unterstützen. Auch wenn die Schwangerschaft einer Frau mit geistiger Behinderung festgestellt wird, soll der Leitfaden erste wichtige Informationen zum weiteren Vorgehen geben.

2 Veränderung der Rechte für Menschen mit geistiger Behinderung

Noch vor ca. 25 Jahren wurden Menschen mit geistiger Behinderung in Wohnheimen eher verwahrt als untergebracht und teilweise sogar nach Geschlecht voneinander separiert. Dass Menschen mit geistiger Behinderung ein Bedürfnis nach Liebe, Partnerschaft, Sexualität und einer eigenen Familie haben, wurde ihnen lange Zeit abgesprochen. Es war selbstverständlich, dass Menschen mit geistiger Behinderung keine Kinder haben dürfen.[3]

Anfang der 1980er Jahre veränderte sich die Sichtweise und man wollte auch Menschen mit Behinderungen die Grundrechte und eine gelebte Sexualität nicht mehr vorenthalten. Dabei entstand die Vorstellung, dass Menschen mit geistiger Behinderung besonders triebhaft wären und bei jeder Gelegenheit über einander herfallen würden. In Folge dieser falschen Ansichten nahmen die Sterilisationen stark zu, die bei vielen Menschen ohne deren Wissen oder Einverständnis durchgeführt wurde. Auch hier wurde damit argumentiert, dass sie nicht in der Lage seien sich um ihre Kinder zu kümmern.

Im Jahre 1992 trat ein neues Betreuungsgesetz in Kraft, das die Sterilisation Minderjähriger verbot und bei erwachsenen Menschen mit geistiger Behinderung erschwerte. Durch das Betreuungsgesetz werden die Persönlichkeitsrechte von Menschen mit geistiger Behinderung mehr geachtet als es zuvor der Fall war.[4] Ab da konnte die Elternschaft von Menschen mit geistiger Behinderung nicht länger ignoriert werden und wurde wieder neu diskutiert.

Im Jahre 1993 begann das erste Forschungsprojekt von Ursula Pixa-Kettner über die Lebenssituation von Eltern mit geistiger Behinderung und ihren Kindern. Bei dem Forschungsprojekt wurde deutlich, dass aus einer geistigen Behinderung nicht automatisch die Unfähigkeit zur Elternschaft resultiert. Trotz der immer noch bestehenden Vorurteile der Gesellschaft steigt die Zahl der Eltern mit geistiger Behinderung langsam an. Dementsprechend werden neue Hilfs- und Begleitangebote für geistig behinderte Eltern benötigt und vorhandene ausgebaut.

---

[3] Vgl. Gellenbeck 2002, S. 78

[4] Vgl. Ebd., S. 76

2.1 Das Normalisierungsprinzip

In den 1950er Jahren wurde von dem Dänen Niels Erik Bank-Mikkelsen der Normalisierungsgedanke entwickelt, den der Schwede Bengt Nirje zum Normalisierungsprinzip ausarbeitete. Er strebte durch konkrete Ziele die Umsetzung des Normalisierungsprinzips in der Praxis an, das die Arbeit mit Menschen mit geistiger Behinderung entscheidend beeinflusste.

> „Man soll den geistig Behinderten dazu verhelfen, ein Dasein zu führen, das so normal ist, wie es nur irgendwie ermöglicht werden kann."[5]

Dabei geht es nicht darum, Menschen mit geistiger Behinderung zu normalisieren oder sie an die Gesellschaft anzupassen, sondern um die Teilhabe, Integration und Selbstbestimmung dieser Menschen. Sie sollen trotz ihrer Behinderung ein so „normales" Leben wie möglich führen können.

Das Normalisierungskonzept sollte Auswirkungen auf Bereiche wie den Tages- und Jahresrhythmus, Lebenszyklus, Respekt vor dem Individuum, Recht auf Selbstbestimmung, sexuelle Lebensmuster der eigenen Kultur und eine Trennung von Arbeit, Freizeit und Wohnen haben. Diese Bereiche entsprachen und entsprechen im Leben vieler Menschen mit geistiger Behinderung aufgrund der Praktikabilität oder Kosten in den Einrichtungen oft nicht dem „normalen" Leben in der deutschen Gesellschaft. Sowohl die Menschen mit geistiger Behinderung als auch die Gesellschaft und die verschiedenen Institutionen für Menschen mit Behinderungen sollten durch das Normalisierungsprinzip angesprochen werden.

In Bezug auf das Normalisierungsprinzip stellen sich mir einige Fragen: Was ist eigentlich normal? Und wer legt fest, was normal und was unnormal ist? Kann man Normalität für Menschen mit geistiger Behinderung schaffen, indem man ihnen einen Lebensstil aufzwingt, wie ihn die breite Masse in der Gesellschaft lebt, obwohl er ihren Bedürfnissen vielleicht gar nicht entspricht? Brauchen Menschen mit geistiger Behinderung vielleicht gerade das in unseren Augen „unnormale", weil auch sie nicht „normal" sind? Dabei meine ich mit „normal" vielleicht eher durchschnittlich, am meisten verbreitet, in der Gesellschaft akzeptiert.

---

[5] Seifert 1997, S.27

Die Fragen in befriedigender Weise zu beantworten ist sehr schwierig.

Wenn das Lebensumfeld eines Menschen mit geistiger Behinderung individuell in der Weise angepasst werden kann, dass es seinen Bedürfnissen entspricht, wäre das Normalisierungsprinzip anwendbar. Fraglich ist, ob es in einem Wohnheim solche Gestaltungsmöglichkeiten gibt, weil viele Dinge schon durch Standort, Zimmeraufteilung, Tagesabläufe und Regeln vorgeben sind.

Die Menschen die, wenn sie dazu in der Lage wären, ein Lebensumfeld wählen würden, dass nicht dem durchschnittlichen entspricht, haben in großen, standardisierten Wohneinrichtungen selten Möglichkeiten ihr Umfeld so zu gestalten, dass es ihre Bedürfnisse befriedigt.

Beziehe ich das Normalisierungsprinzip auf das Zusammenleben von Eltern mit geistiger Behinderung und ihre Kinder, werden die Wahlmöglichkeiten noch weiter eingeschränkt.

Allein dadurch, dass es nur wenige Wohneinrichtungen der *Begleiteten Elternschaft* in Deutschland gibt, ist die Wahl des Wohnortes eigentlich nicht möglich. Ist eine Frau mit geistiger Behinderung schwanger, kann sie froh sein, wenn eine geeignete Einrichtung einen Platz frei hat und sie aufnehmen kann.

Bei der Lebensgestaltung der Familie in einer Einrichtung der *Begleiteten Elternschaft* sind viele Dinge vorgegeben. Es gibt feste Regeln und Angebote, die wahrgenommen werden müssen. Ziel der Einrichtungen ist in erster Linie, das Wohl des Kindes zu gewährleisten. Es kann nicht berücksichtigt werden, ob die vorgegebenen Regeln den Vorstellungen der Lebensführung der betreuten Personen entspricht. Hierbei entsteht ein Konflikt, wenn es darum geht, ob und wie ein selbst bestimmtes Leben mit festen Regeln, Vorgaben und Bedingungen gelingen kann.

Die Umsetzung des Normalisierungsprinzips ist nur bedingt möglich. Bei der Elternschaft von Menschen mit geistiger Behinderung steht das Wohl des Kindes vor den eigenen Wünschen und Vorstellungen der Eltern.

Ein positiver Aspekt des Normalisierungsprinzips ist das Streben nach mehr Selbstbestimmung, Teilhabe am gesellschaftlichen Leben und Integration für die individuelle Lebensgestaltung von Menschen mit geistiger Behinderung. Inwieweit es Anwendung findet, muss im Einzelfall betrachtet werden.

3 Die Lebenssituation von Eltern mit geistiger Behinderung

In unserer Gesellschaft werden Menschen mit Behinderungen als Eltern kaum wahrgenommen. Es herrscht das Bild des allein stehenden Menschen mit geistiger Behinderung vor, der von seiner Herkunftsfamilie oder anderen Einrichtungen versorgt werden muss. Es ist meist undenkbar, dass er selbst die Verantwortung und Sorge für ein Kind übernehmen könnte. Ein Forschungsprojekt, bei dem erstmals Informationen über Eltern mit geistiger Behinderung, ihre Kinder und ihre Lebensverhältnisse gesammelt wurden, wurde von 1993 bis 1995 durchgeführt und 2005 aktualisiert. Prof. Dr. Ursula Pixa-Kettner der Universität Bremen leitete das Projekt, das von der Bundesvereinigung Lebenshilfe und vom Bundesministerium für Gesundheit finanziert wurde.

Die Gesamtzahl der Elternteile mit geistiger Behinderung in Deutschland beläuft sich nach der Fragebogenerhebung im Jahr 2005 auf mindestens 2.126 Personen. Man kann davon ausgehen, dass es in den letzten vier Jahren mehr geworden sind, im Verhältnis zur gesamten Einwohnerzahl wird jedoch deutlich, dass die Zahl der Eltern mit geistiger Behinderung sehr gering ist.

Zur Wohnsituation kann man allgemein sagen, dass ein Drittel der geistig behinderten Eltern als Paar zusammen leben. Bei den zwei Dritteln in denen die Eltern getrennt leben kann man verschieden Ursachen dafür anführen. Die meisten Frauen mit geistiger Behinderung haben eine Schwangerschaft vorher nicht geplant. Dazu führt oftmals keine oder nur unzureichende sexuelle Aufklärung. Leider ist aber auch die Zahl der Frauen hoch, die durch Missbrauch oder Vergewaltigung schwanger werden. In der *Begleiteten Elternschaft* der Diakonie Michaelshoven leben zurzeit ausschließlich Frauen mit ihren Kindern, die ungewollt schwanger wurden.

Leben die Eltern getrennt, wächst das Kind in der Regel bei der Mutter auf. Etwa ein Drittel der Eltern leben mit oder ohne Betreuung in einer eigenen Wohnung.

Ca. 25 % der Eltern leben in Wohnheimen und 13% in der Herkunftsfamilie.

Bei den übrigen Elternschaften lagen keine Informationen zur Wohnform vor. Die Kinder von Eltern mit geistiger Behinderung leben etwa zu 57% bei mindestens einem Elternteil. Dabei fällt auf, dass die Kinder am häufigsten bei ihren Eltern aufwachsen, wenn diese zusammen leben und eine eigene Wohnung haben.[6] Das ist darauf zurück zu führen, dass die Versorgung und Erziehung eines Kindes in einer Partnerschaft besser gewährleistet werden kann, da zwei Personen die Verantwortung für das Kind tragen. Leben die Eltern in einer eigenen Wohnung, kann vermutet werden, dass ihre geistige Behinderung nicht so stark ist, dass sie notwendige Fähigkeiten erlernen konnten um alleine zu leben.

3.1 Familiärer Hintergrund

Die Herkunftsfamilie spielt in den meisten Fällen der Elternschaft von Menschen mit Behinderungen eine wichtige Rolle. Vorstellungen über Elternschaft und Familienleben wurzeln oft in den eigenen Erfahrungen mit der Familie. Vor allem, wenn die Eltern mit geistiger Behinderung und ihre Kinder zusammen in der Herkunftsfamilie leben und unterstützt werden, spielt sie eine entscheidende Rolle.

Sicherlich lässt sich das Familienleben mit einem geistig behinderten Kind nicht ohne weiteres verallgemeinern. Die Beziehung zwischen den Eltern und dem Kind kann sehr unterschiedlich sein. Dennoch gibt es Schwierigkeiten und Probleme, mit denen Eltern von geistig behinderten Kindern oft zu tun haben.

Nicht selten erleben die Eltern ein Trauma, wenn sie erfahren, dass ihr Kind eine geistige Behinderung hat und nicht den Vorstellungen entspricht, die sich in der Zeit der Schwangerschaft entwickelt haben. Die Pläne, die sie für ihre Zukunft entworfen haben, werden sie vielleicht nie umsetzen können.

Nicht selten lehnen die Eltern ihr Kind ab, machen sich Vorwürfe oder haben Schuldgefühle. Dadurch wird die Bindung zwischen den Eltern und dem Kind gestört. In ihrem Buch „Ungeliebtes Wunschkind" beschreibt Petra Dreyer die Gedanken, die sie nach der Geburt ihres geistig behinderten Sohnes Jens hatte:

> „Will ich dieses Kind? Ist es wirklich mein Kind? Was wird in den kommenden Tagen aus ihm werden? Werde ich wirklich mit ihm leben können? Wie wird unser Familienleben aussehen, werden wir es schaffen? Warum mußte alles so schief gehen? Welche Schuld trifft mich? Was habe ich falsch

---

[6] Daten und Zahlen wurden dem Buch von Pixa-Kettner 1996, S. 12ff. entnommen.

gemacht? Die Gedanken drehen sich im Kreis, ich schließe die Augen und wünsche mir wieder den Tod von Jens."[7]

Die geistige Behinderung des Kindes wird mit dem Heranwachsen ein zusätzlicher Stressfaktor, da das Kind mehr Aufmerksamkeit, Fürsorge und andere Umgangsweisen braucht als ein gesundes Kind. Schnell kann es zu Überforderung, Überlastung, Selbstaufgabe oder Überschuldung kommen. Die Beziehung der Eltern wird in erhöhtem Maße strapaziert und die Familie schwer belastet, worunter erneut die Eltern-Kind-Beziehung leidet.

Eine große Belastung ist auch, dass die Eltern lebenslang Verantwortung für ihr Kind haben. Das bedeutet, dass sie entweder selbst so lange es geht ihr Kind versorgen oder eine geeignete Einrichtung finden müssen.

Eine stabile Eltern-Kind-Beziehung entwickelt sich nur, wenn die Eltern für sich selbst eine befriedigende Lebenssituation erreichen, eigenen Bedürfnissen in ausreichendem Maße nachgehen und sie auch den nicht behinderten Geschwistern die notwendige Zuwendung geben können.

Menschen mit geistiger Behinderung müssen ein Leben lang gegen die Ablehnung anderer Menschen ankämpfen, manchmal sogar der eigenen Familie. Oft haben sie mit Gedanken zu kämpfen, dass sie nicht gut genug sind, anders als die Anderen oder ungewollt. Sie versuchen sich mit ihren Eltern oder anderen Bezugspersonen zu identifizieren und selbst zu einem Mann oder einer Frau zu werden. Dabei ist ihnen die Rollenverteilung in der Gesellschaft bewusst und sie haben oft dieselben Wünsche nach einer Partnerschaft, einer eigenen Familie und Kindern, wie nicht behinderte Menschen auch.

Während der Pubertät durchlaufen geistig behinderte Jugendliche die gleichen Veränderungen wie ihre nicht behinderten Altersgenossen. Ein erheblicher Unterschied ist bloß, dass die Umwelt oftmals anders darauf reagiert. Der Mensch mit geistiger Behinderung ist nun kein Kind mehr, wird aber auch nie richtig erwachsen.

Eine Abnabelung vom Elternhaus und das Finden der eigenen Identität sind erheblich schwieriger, weil die „Kinder" oft lebenslang auf Hilfe und Unterstützung angewiesen sind und ihre Eltern diese Aufgabe nur ungern abgeben möchten. Hierin sieht Reinhart Lempp ein großes Problem. Früher wurden Kinder mit geistiger Behinderung im Schulalter in

---

[7] Dreyer 1988, S. 15

ein Wohnheim oder eine Anstalt gegeben und es fand somit eine Abnabelung von den Eltern statt.

Heute wird die Abnabelung vom Elternhaus lange hinausgezögert, obwohl die Eltern in den meisten Fällen wissen, dass ein Zusammenleben nicht ewig möglich ist. Spätestens wenn die Eltern den pflegerischen und betreuerischen Aufgaben körperlich nicht mehr gewachsen sind, muss eine andere Betreuungsform für ihr Kind gefunden werden. Eine Abnabelung von den Eltern fällt dann beiden Seiten sehr viel schwerer.[8]

3.2 Wohnen, Arbeit und Freizeit

Die meisten Menschen mit geistiger Behinderung leben in Wohnheimen oder im ambulant betreuten Wohnen, je nach Schwere der Behinderung und vorhandenen Fähigkeiten und Kompetenzen. Viele Menschen mit geistiger Behinderung leben auch im Erwachsenenalter noch in ihrer Herkunftsfamilie und ziehen erst in ein Wohnheim, wenn die Eltern auf Grund ihres Alters nicht mehr in der Lage sind sie ausreichend zu versorgen.

Seit das Normalisierungsprinzip einen größeren Einfluss in der Arbeit mit Menschen mit geistiger Behinderung gewann, rückt neben den Begriffen *Selbstbestimmung, Teilhabe* und *Integration* auch die *Lebensqualität* der Menschen mit Behinderung immer mehr in den Mittelpunkt der Aufmerksamkeit. Im Bereich des Wohnens bedeutet das, dass die großen Wohnheime aufgelöst und die Menschen in kleineren Wohneinrichtungen, in einer eigenen Wohnung oder einer Wohngemeinschaft untergebracht werden sollen, um sie ambulant zu versorgen.

Oft sind Menschen mit einer geistigen Behinderung nicht sehr selbständig. Im Elternhaus haben sie kaum Aufgaben übernommen, da ihnen oft zu wenig zugetraut wurde. Auch in Wohnheimen ist es auf Grund des Zeit- und Personalmangels schwierig die Selbständigkeit der Bewohner zu fördern. Aufgaben sind meist schneller und ordentlicher getan, wenn die Mitarbeiter sie selbst erledigen. Darunter leidet nicht nur die Selbständigkeit, sondern auch die Individualität und damit die Lebensqualität. Es ist unmöglich alle Wünsche der Bewohner zu berücksichtigen und so werden Lösungen gefunden, die keinem wirklich gerecht werden.

---

[8] Vgl. Lempp 1982 in Walter 2005, S. 174ff.

> „Fremdbestimmung und Abhängigkeit bestimmen in aller Regel das Leben der Bewohnerinnen und Bewohner von Wohneinrichtungen der Behindertenhilfe"[9]

Menschen mit geistiger Behinderung leben dauerhaft in Verhältnissen in denen andere Menschen Macht über sie ausüben; seien es die Eltern, gesetzliche Betreuer oder Mitarbeiter von Wohneinrichtungen. Auch wenn sie in einem gewissen Rahmen selbst bestimmen dürfen und sollen, überwiegt häufig die Fremdbestimmung. Oft leben Menschen mit geistiger Behinderung dauerhaft in Beziehungen, die denen von Eltern zu Kindern gleichen. Nicht selten werden sie auch ihr Leben lang von ihren Eltern oder sogar Betreuern wie kleine Kinder behandelt.

Die meisten Menschen mit einer geistigen Behinderung arbeiten in Werkstätten für behinderte Menschen (WfbM). Dort werden sie nach ihren Fähigkeiten und Begabungen bestimmten Arbeitsbereichen zugeteilt und verdienen etwa 150 Euro monatlich. Zum Teil gibt es ausgelagerte Arbeitsplätze, was bedeutet, dass Werkstattmitarbeiter einen Arbeitplatz zum Beispiel bei der Friedhofsgärtnerei bekommen. Personen, die nicht in einer WfbM arbeiten, leben meist von Sozialhilfe, wobei den Betroffenen neben einer Beschäftigung auch oft der Kontakt zu anderen Menschen fehlt.

Die Freizeitgestaltung hängt bei vielen Menschen mit geistiger Behinderung von Angeboten ab, die in der Wohneinrichtung oder im Elternhaus geboten werden. Oft fehlen die eigenen Ideen, finanziellen Mittel oder die Umsetzungsmöglichkeiten um eine unabhängige Freizeitgestaltung zu erreichen. Durch Freizeitangebote kann der Isolation vorgebeugt und die Persönlichkeitsentfaltung gefördert werden. Auch Menschen mit geistiger Behinderung brauchen Zeit sich zu erholen und um einen Ausgleich zur oft monotonen Arbeit in der WfbM zu haben. In der Freizeit können soziale Kontakte geknüpft werden, die vor allem für Menschen mit geistiger Behinderung, die in ihrer Herkunftsfamilie leben, von großer Bedeutung sind.

3.3 Partnerschaft

> „Erst in jüngerer Zeit setzt sich die Auffassung durch, dass Menschen mit geistiger Behinderung dasselbe Recht auf eine

---

[9] Fegert; Bütow; Fetzer; König; Ziegenhain (Hrsg.) 2007, S.8

Intimsphäre haben wie andere Menschen auch, dasselbe Recht auf Liebe, Partnerschaft und Sexualität."[10]

Menschen mit geistiger Behinderung unterscheiden sich auch im Wunsch nach einer Partnerschaft nicht von anderen Menschen. Sie möchten wichtig und wertvoll für jemanden sein, sich mit dem Partner ergänzen, sich auf ihn verlassen können und mit ihm ihr Leben und ihre Freizeit gestalten. Nicht zuletzt spielt auch die Befriedigung von sozialen, emotionalen und sexuellen Bedürfnissen eine Rolle.

Für die Eltern von Menschen mit geistiger Behinderung ist es oft schwierig zu akzeptieren, dass ihre Söhne und Töchter erwachsen werden und sich im Laufe der Pubertät auch für das andere Geschlecht interessieren. Die größte Sorge, die Eltern und Betreuer in Bezug auf eine Partnerschaft von Menschen mit geistiger Behinderung haben, ist die, dass daraus ein Kind entstehen könnte. Das kann natürlich nie ganz ausgeschlossen werden. Durch verschiedene Empfängnisverhütungsmittel und ihre hohe Sicherheit ist es aber mittlerweile sehr gut möglich auch für Paare mit geistiger Behinderung ein sicheres Verhütungsmittel zu finden.

Es wäre sinnvoll Menschen mit geistiger Behinderung rechtzeitig aufzuklären und sie in der neuen Lebensphase zu begleiten, statt ihnen den Kontakt zum anderen Geschlecht zu erschweren oder gar zu verbieten. Eine Partnerschaft kann das Leben eines Menschen um sehr viel Positives bereichern und gerade bei Menschen, die sich oftmals abgelehnt oder unerwünscht fühlen mussten, kann sie erheblich zu einem glücklicheren Leben beitragen.

„Anstatt unsere ganze Kraft in letztlich wenig aussichtsreiche Unterdrückungsversuche zu vergeuden, sollten wir im Gegenteil die enorme Motivationskraft, die von einer möglichen Partnerschaft ausgehen kann, pädagogisch im positiven Sinne nutzen."[11]

Immer wieder wurde beobachtet, dass eine Partnerschaft auch für die Bewältigung des Alltags von wichtiger Bedeutung ist. Menschen mit einer geistigen Behinderung, die eine Situation allein nicht meistern konnten, waren als Paar in der Lage sie zu bewältigen. Sie ergänzten sich gegenseitig so, dass sie weniger Unterstützung von außen benötigten.

---

[10] Ceschi 1998, S. 1

[11] Schröder 1982 in Gellenbeck 2002, S. 73

Weitere positive Aspekte wie geringere Verhaltensprobleme, Rückgang von aggressivem Verhalten und eine Verbesserung der Körperpflege und Hygiene wurden beobachtet.[12] Partnerschaften zu ermöglichen und zu unterstützen sollte jedoch nicht aus solchen Gründen selbstverständlich sein. Jeder Mensch ist ein soziales Wesen und braucht den Kontakt zu anderen Menschen. Dabei reicht es häufig nicht aus Kontakte zur Familie oder zu Betreuern zu haben, da diese auf einer ganz anderen Ebene stattfinden als die Beziehung zu einem Partner.

Offenbar gehen viele Eltern und Betreuer von Menschen mit geistiger Behinderung davon aus, dass eine partnerschaftliche Beziehung nur den Zweck erfüllen soll einen legitime Rahmen für Sexualität zu schaffen. In den meisten Fällen spielt die Befriedigung sexueller Bedürfnisse jedoch eine untergeordnete Rolle. Viele Paare mit einer geistigen Behinderung haben gar keinen Geschlechtsverkehr miteinander und trotzdem ein befriedigendes Intimleben und eine erfüllende Partnerschaft. Nach Heinz Krebs ist der Geschlechtsverkehr bei nur 10 - 15 % der Menschen mit einer mittleren und schweren geistigen Behinderung bekannt.[13]

Bei Menschen mit leichter geistiger Behinderung sind es vermutlich erheblich mehr Paare, die Geschlechtsverkehr miteinander haben, da auch die Zahl der Elternschaften bei ihnen höher ist als bei Menschen mit mittlerer und schwerer geistigen Behinderung.

In der Realität sieht es so aus, dass nicht einmal ein Viertel der Menschen mit geistiger Behinderung in einer Partnerschaft leben.

Vor allem in Wohnheimen sinkt die Häufigkeit von Partnerschaften mit dem Schweregrad der Behinderung.[14]

Eine wichtige Rolle spielt dabei auch, dass die Bewohner und Bewohnerinnen in einem Wohnheim keine Möglichkeit haben auszuwählen mit welchen Menschen sie in einer Wohngruppe zusammen leben möchten. Die meisten Kontakte finden jedoch in der Wohneinrichtung statt, vor allem wenn die Personen keine WfbM mehr besuchen, sondern als Rentner auch tagsüber in der Wohneinrichtung bleiben.

Aufgrund von körperlichen und geistigen Behinderungen fällt es Menschen manchmal schwer Beziehungen und Partnerschaften dauerhaft und ohne Unterstützung aufrecht zu erhalten. Sie brauchen unter Um-

---

[12] Vgl. Mattke 2005, S. 37

[13] Vgl. Krebs 1985, S. 741

[14] Vgl. Mattke 2005, S. 36

ständen Hilfe, weil sie nicht mobil sind, oder eine Unterstützung bei Gesprächen und Konfliktlösungen. Bekommen sie diese Hilfe nicht, weil eine Partnerschaft nicht erwünscht ist, hat das ähnliche Auswirkungen als wenn die Partnerschaft aktiv verhindert werden würde.

Weitere Probleme für eine Partnerschaft ergeben sich häufig aus den fehlenden Rückzugsmöglichkeiten für Menschen mit geistiger Behinderung.

Es wird zwar angestrebt, dass jeder ein eigenes Zimmer bewohnt, jedoch gibt es immer noch Doppel- oder Mehrbettzimmer, in denen keine Intimsphäre gewahrt werden kann. Dementsprechend müssen Beziehungen im mehr oder weniger öffentlichen Raum stattfinden.

Die Zimmer der Bewohner werden in vielen Einrichtungen als öffentlicher Raum betrachtet. Betreuer, Pfleger und Putzkräfte betreten die Zimmer ungefragt, sodass die Bewohner und Bewohnerinnen jederzeit davon ausgehen müssen, dass jemand herein kommen kann. Menschen mit geistiger Behinderung, die ganztägig unter Beaufsichtigung stehen, haben so keinen Raum um ungestört zu sein.

3.4 Ehe

Der Ehewunsch ist bei Menschen mit geistiger Behinderung eher selten vorhanden. Wenn ein Mensch mit geistiger Behinderung jedoch heiraten möchte, ist das für ihn mit unzähligen Schwierigkeiten verbunden. Oft wird der Wunsch von Eltern und Betreuern erst gar nicht ernst genommen und Vertröstungen, Notlügen, Ablenkung und Konfrontation mit der Realität sind die Reaktionen – oder ein Lob der Ehelosigkeit.[15]

In einem Elternbuch von 1975 wird vorgeschlagen wie die „Schönheit des Ledigstandes" durch orale Ersatzbefriedigung strategisch erreicht werden kann:

> "Wenn Werner sagt, er wolle die Brigitte heiraten und ich ihn dann frage, was sie dann essen werden, da das Mädchen nicht kochen kann, so fällt er die Entscheidung zwischen Ehe mit Brigitte und dem Genuß der mütterlichen Kochkünste sehr bald zu Gunsten der letzteren. Denn das gute Mittages-

---

15 Vgl. Walter 1980, S. 194ff.

sen ist eine Weltlichkeit, die nur die Mutter verwirklichen kann ..."[16]

In den letzten Jahren hat sich die Situation glücklicherweise verändert und es wurde nach Möglichkeiten gesucht, wie Paare mit geistiger Behinderung auch als Ehepaare zusammen leben können.

Beobachtet wurde immer wieder, dass Menschen mit geistiger Behinderung als Ehepaar besser in der Gesellschaft zurecht kamen, weil sie sich gegenseitig mit ihren Fähigkeiten so ergänzten, dass sie Situationen bewältigen konnten, die sie allein nicht hätten meistern können.

Rechtlich betrachtet muss der Standesbeamte jeden Fall einzeln prüfen, bei dem Menschen mit geistiger Behinderung heiraten möchten. Eine geistige Behinderung schließt nicht prinzipiell die Möglichkeit zu heiraten aus. Ist ein Mensch mit geistiger Behinderung nach § 104 BGB geschäftsunfähig, kann er keine Verträge schließen und deshalb keine Ehe eingehen. Geschäftsunfähig ist, wer sich in einem die freie Willensbestimmung ausschließenden Zustand krankhafter Störung der Geistestätigkeit befindet.[17] Die Geschäftsunfähigkeit wird festgestellt, wenn ein Mensch dauerhaft nicht zu einer selbständigen und vernünftigen Willensbildung in der Lage ist.[18]

Eine rechtliche Betreuung hat keinen Einfluss darauf, ob jemand heiraten kann oder nicht. Solange die Person geschäftsfähig ist, kann sie ohne Einwilligung des Betreuers Verträge abschließen und eine Ehe eingehen.[19]

Als „beschützte Ehe" wird mittlerweile eine Sonderform der Ehe bezeichnet, bei der das Ehepaar mit geistiger Behinderung gemeinsam in einem Wohnheim oder dem ambulant betreuten Wohnen zusammenlebt.[20]

Ein Problem ergibt sich hier im Zusammenhang mit ethisch-moralischen Vorstellungen kirchlicher Einrichtungen, in denen es für Paare mit geistiger Behinderung immer noch schwierig ist als Paar zusammen zu

---

[16] Egg 1975 in Walter 2005, S.291f.

[17] Vgl. § 104 Nr. 2 BGB

[18] Vgl. Bundesvereinigung Lebenshilfe für Menschen mit geistiger Behinderung e.V. (Hrsg.) 2006, S. 17

[19] Vgl. Walter 2005, S. 102f.

[20] Vgl. Gellenbeck 2002, S. 74f.

leben, ohne dabei verheiratet zu sein. Da die standesamtliche Hochzeit wegen der fehlenden Geschäftsfähigkeit manchmal nicht möglich ist, kann es auch keine kirchliche Trauung geben, die in kirchlichen Kreisen Vorraussetzung für ein Zusammenleben ist. Deshalb führte die Evangelische Stiftung Alsterdorf ein Treuegelöbnis für Menschen mit geistiger Behinderung ein, denen eine standesamtliche Hochzeit wegen fehlender Geschäftsfähigkeit nicht möglich war. Das Treuegelöbnis soll eine gestaltete und verantwortliche Lebensführung der Paare fördern.[21]

Beim Zusammenleben von Menschen mit geistiger Behinderung ist es notwendig, die eigenen moralische Vorstellungen der Selbstbestimmung unterzuordnen, damit Menschen mit geistiger Behinderung so leben können, wie sie es gerne möchten. Passiert das nicht, ist die Folge eine weitere Beeinträchtigung des „normalen" Lebens für Menschen mit geistiger Behinderung durch ethisch-moralische Barrieren.[22]

3.5 Sexualität

> „Die Sexualität geistig behinderter Menschen ist weit mehr ein Problem für Eltern, Erzieherinnen und Betreuerinnen als für die betroffenen behinderten Menschen selbst." [23]

Die Problematik der Sexualität von Menschen mit geistiger Behinderung entsteht nicht vorrangig durch die Behinderung, sondern durch Toleranz, moralische Einstellung sowie Verbote von Eltern und Betreuern.

Ulrike Mattke berichtet in einem Artikel darüber, dass Eltern von Menschen mit geistiger Behinderung immer wieder sagen, dass ihre Kinder keine Sexualität brauchen.[24] Dabei wird mittlerweile davon ausgegangen, dass Menschen mit geistiger Behinderung die gleichen Bedürfnisse haben wie Menschen ohne Behinderung. Dementsprechend sollte die Befriedigung des Grundbedürfnisses nach Sexualität uneingeschränkt auch für Menschen mit geistiger Behinderung möglich sein. In dem Buch: „Ich bestimme mein Leben …und Sex gehört dazu." schreiben die Autoren:

---

[21] Vgl. Walter 2005, S. 297. Hier kann der genaue Ablauf nachgelesen werden.

[22] Vgl. Walter 2005, S.292

[23] Walter 1994

[24] Vgl. Mattke 2005, S. 29

„Sexualität und sexuelle Selbstbestimmung sind zentrale Themen auch im Leben von Menschen mit geistiger Behinderung, die in Wohneinrichtungen der Behindertenhilfe leben."[25]

Mitarbeiter in Wohnheimen umgehen das Thema Sexualität gerne, weil eine große Unsicherheit und Uneinigkeit auf diesem Gebiet herrscht. Da Menschen mit einer geistigen Behinderung aber in größerem Maße abhängig von Bezugspersonen sind, betrifft die Abhängigkeit auch den Bereich der Sexualität. Schwierig wird es, wenn Eltern, Betreuer und Therapeuten unterschiedliche Standpunkte zur Sexualität von Menschen mit geistiger Behinderung vertreten. Dadurch entsteht eine noch größere Unsicherheit bei den Betroffenen. Hilfreich wäre eine einheitliche Grundeinstellung zu Sexualität, die zu erarbeiten ist jedoch schwierig, weil jeder unterschiedliche Prägungen und Meinungen mitbringt.

Die zum Teil widersprüchlichen Mythen über die Sexualität von Menschen mit geistiger Behinderung erschweren es ihnen sexuelle Selbstbestimmung und Erfüllung zu erleben.

Esther Bollag zitiert zwei Theologen mit Behinderung, die im Rahmen einer Publikation über Behinderung und Sexualität schreiben. Neben weiteren Mythen nennen sie auch die folgenden:

• Behinderte Menschen sind alle asexuell.

• Behinderte Menschen sind alle Sex besessen und Trieb bestimmt.[26]

Mit der Diagnose „geistig behindert" verbinden viele Menschen die Vorstellung von lebenslanger Unreife, kindlicher Sexualität und Ehelosigkeit. Andere wiederum haben die Vorstellung, dass Menschen mit geistiger Behinderung völlig Trieb bestimmt sind und ihren Sexualtrieb nicht kontrollieren könnten.

Nach Joachim Walter unterliegt die Sexualität von Menschen mit geistiger Behinderung drei typischen Vorurteilen:

1. einer Verdrängung

2. einer Dramatisierung

3. einer Fehldeutung nonverbaler Kommunikation

---

[25] Fegert; Bütow; Fetzer; König; Ziegenhain (Hrsg.) 2007, S.7

[26] Vgl. Bollag 2001, S. 229f.

Die Verdrängung und Dramatisierung der Sexualität von Menschen mit geistiger Behinderung finden wir auch in den Mythen von Esther Bollag wieder.

Bis vor einigen Jahren war das „lebenslange Kindsein" ein Merkmal einer geistigen Behinderung und so wurde bei entwicklungspsychologischen Diagnostiken das Entwicklungsalter eines Erwachsenen mit dem Alter eines Kindes angegeben.[27]

> „Von geistig behinderten Menschen wird erwartet, dass sie in ihrem Erscheinungsbild stets naive, unverdorbene und geschlechtslose ‚große Kinder' bleiben." [28]

Erst mit dem Normalisierungsprinzip und der Diskussion über Selbstbestimmung entstand die Ansicht, dass auch Menschen mit einer geistigen Behinderung psychosoziale Prozesse des Erwachsenseins erleben. Trotz dieser Entwicklung in der Sichtweise von Menschen mit Behinderungen ist immer wieder zu beobachten, dass Menschen mit einer geistigen Behinderung in einer infantilisierenden Umgebung leben.

Deutlich wird das in der Art und Weise, wie Mitarbeiter mit Menschen mit geistiger Behinderung kommunizieren und wie ihre Lebenswelt gestaltet wird.

Im Zusammenhang mit der Vorstellung, dass ihr geistig behindertes „Kind" immer ein Kind sein wird, begegnen die Eltern dem Kontakt zum anderen Geschlecht oft mit Misstrauen. Für viele Eltern ist es schwer vorstellbar, dass ihr geistig behindertes „Kind" einen Freund oder eine Freundin haben könnte. Demnach erfolgt eine sexuelle Aufklärung meist nur unzureichend oder gar nicht.

Bei einer Befragung von 130 Frauen und Männern im Alter zwischen 18 und 78 Jahren ergab sich, dass mehr als die Hälfte der Frauen und zwei Drittel der Männer nicht aufgeklärt waren.[29]

Auch aus meiner eigenen Erfahrung heraus kann ich bestätigen, dass eine sexuelle Aufklärung von Menschen mit geistiger Behinderung nur unzureichend stattfindet. Es ist kein Einzelfall, dass ein junger Mann mit Mitte 20 vom Elternhaus in das Wohnheim einzieht, in dem ich arbeite, und keinerlei sexuelle Aufklärung erfahren hat.

---

[27] Vgl. Mattke 2005, S. 33

[28] Walter 1996, S.32

[29] Vgl. Mattke 2005, S. 34

Bei der Dramatisierung wird in der Sexualität von Menschen mit geistiger Behinderung die reine Befriedigung der körperlichen Bedürfnisse gesehen. Hierbei wird davon ausgegangen, dass Menschen mit einer geistigen Behinderung nicht in der Lage sind ihre sexuellen Wünsche in personalen Beziehungen zu befriedigen.[30] In diesem Zusammenhang wurde immer wieder auch damit argumentiert, dass man keine „schlafenden Hunde wecken" solle und es deshalb besser wäre Menschen mit geistiger Behinderung nicht aufzuklären. Ein Stück weiter gingen Autoren, die als Fachleute davon ausgingen, dass die Sexualität von Menschen mit geistiger Behinderung nie zur Entfaltung kommen darf, weil sie in der Gefahr seien zu Triebtätern zu werden.[31]

Beide Ansichten sind jedoch Extreme, die nicht verallgemeinert werden dürfen um die Sexualität von Menschen mit geistiger Behinderung zu beschreiben. Menschen mit geistiger Behinderung haben individuelle sexuelle Bedürfnisse und Vorlieben wie Menschen ohne Behinderung auch. Glücklicherweise werden die Vorurteile, die früher fachliche Ansichten waren, heute revidiert und in aktueller Fachliteratur widerlegt. Trotzdem haben sie Spuren hinterlassen und die Arbeit mit Menschen mit geistiger Behinderung lange geprägt.

Bei der Fehldeutung nonverbaler Kommunikation kommt es dazu, dass nicht behinderte Menschen die ausgeprägte nonverbale Kommunikation von Menschen mit geistiger Behinderung als sexuelle Annäherung missverstehen. Häufig haben Menschen mit einer geistigen Behinderung Probleme bei der verbalen Kommunikation, sodass sie ihre Körpersprache in erhöhtem Maße einsetzen um Gefühle und Bedürfnisse auszudrücken.

> „Weil viele von ihnen nicht mit Worten ausdrücken können, wie sehr ihnen ein Mensch gefällt, machen sie es über die Körpersprache, rücken näher, fassen an, streicheln, geben Küsschen."[32]

---

[30] Vgl. Walter 2001, S.33

[31] Vgl. Pro Familia 1998, S.5

[32] Achilles 1998, S. 49

3.6 Christliche Werte und sexuelle Selbstbestimmung

In Einrichtungen christlicher Träger wird der Problematik der Sexualität von Menschen mit geistiger Behinderung häufig noch ein weiterer Punkt hinzugefügt.

Es geht dabei um einen Punkt, der mir selbst schon einige Male Probleme bereitete, als ich darüber nachdachte, wie ich persönlich mit der Sexualität von Menschen mit geistiger Behinderung umgehen soll.

Ich befinde mich in einem Spannungsfeld zwischen Selbstbestimmung über das Grundbedürfnis Sexualität bei Menschen mit geistiger Behinderung und christlichen Werten, die aussagen, dass eine sexuelle Beziehung ausschließlich im geschützten Rahmen der Ehe stattfinden soll.

Ich bin selbst darum bemüht, Menschen mit geistiger Behinderung so viel Selbstbestimmung, Normalität und Individualität zu ermöglichen wie es im Rahmen einer Wohnstätte für Menschen mit geistiger Behinderung möglich ist. Da ist es definitiv ein Widerspruch, die sexuelle Selbstbestimmung auszukoppeln und in diesem Bereich klare Regeln, die für alle gelten sollen, vorzugeben. Es erscheint mir unsinnig jemanden an christliche Moralvorstellungen zu binden, obwohl er vielleicht gar keine persönliche Beziehung zum Glauben hat. Auch wenn ich wechselnde, sexuelle Beziehungen aus verschiedenen Gründen nicht empfehlen kann, sollten Menschen mit geistiger Behinderung selbst entscheiden ob und wie sie ihre Sexualität ausleben möchten.

Abgesehen von meinem eigenen Konflikt in dieser Situation ist es natürlich so gut wie unmöglich einen einheitlichen Standpunkt mit allen Mitarbeitern zu erarbeiten. Der ist jedoch Voraussetzung um den Bewohner/-innen einen gesunden Umgang mit Sexualität zu ermöglichen.

4 Selbstbestimmung und Kinderwunsch

In den vorherigen Punkten kam ich bei meinen Überlegungen immer wieder auf die Selbstbestimmung von Menschen mit geistiger Behinderung zurück.

Deshalb erscheint es mir notwendig dieses Ideal der Behindertenhilfe einmal näher zu betrachten. In Bezug auf den Kinderwunsch von Menschen mit geistiger Behinderung ist in der Literatur nicht eindeutig erkennbar, ob Selbstbestimmung auch für den Bereich zugestanden bzw. angestrebt wird. Es ist ein deutlicher Wandel von der Ablehnung von Elternschaften von Menschen mit geistiger Behinderung hin zur Befürwortung derselben erkennbar, dennoch gibt es in der Praxis eher selten Eltern und Betreuer, die dem Kinderwunsch einer Frau oder eines Paares mit geistiger Behinderung mit Freude und Bestätigung begegnen.

4.1 Das Recht auf Elternschaft

Aus rechtlicher Sicht scheint es eindeutig zu sein, dass Menschen mit einer geistigen Behinderung die gleichen Rechte haben wie alle anderen Bürger auch. Im Grundgesetz steht, dass niemand wegen seiner Behinderung benachteiligt werden darf.[33] Pro Familia schließt sich dem Standpunkt an und erklärt in einer Broschüre:

> "Seit ihrer Gründung setzt sich pro familia für die Verwirklichung des (...) Menschenrechts auf Familienplanung ein. Danach ist es ein grundlegendes Recht von Frauen und Männern, über die Zahl ihrer Kinder und den Zeitpunkt ihrer Geburt frei und verantwortlich zu entscheiden. Das Recht auf Familienplanung begründet sich (...) in dem Grundrecht von Frauen und Männern auf Selbstbestimmung in der Frage, ob sie ihr Leben an das eines oder mehrerer Kinder binden wollen."[34]

Daraus lässt sich ableiten, dass es ein Recht auf Familienplanung d.h. Elternschaft gibt, dass sich aus der Selbstbestimmung ableiten lässt.

Klaus Dörner formulierte dieses Recht schon 1987:

---

[33] Vgl. Art. 3 Abs. 3 Satz 2 GG

[34] Pro Familia 2005, S.1

„Wir könne heute endlich den Satz wagen, dass Menschen mit Behinderung genauso wie Menschen ohne Behinderung grundsätzlich das Recht haben, Kinder zu bekommen, wie es das Grundgesetz ohnehin garantiert."[35]

Das Recht auf Elternschaft kann jedoch nicht eingeklagt oder eingefordert werden. Menschen mit geistiger Behinderung sind bei der Familienplanung, wie in vielen Bereichen ihres Lebens, von anderen Menschen abhängig. Sie müssen bei einem Kinderwunsch also darauf hoffen auf positive Resonanz bei der Familie und Betreuern zu stoßen, damit eine Elternschaft überhaupt möglich werden kann. Wünschenswert wäre jedoch eine Haltung, die Menschen mit geistiger Behinderung erst einmal jegliche Wünsche und Rechte zugesteht, um erst im zweiten Schritt zu prüfen, ob sie realisierbar sind.

„Nicht der behinderte Mensch muss seine ‚normalen' Wünsche – so auch den Wunsch nach einem Kind und nach eigener Familie – legitimieren, sondern die, die ihm eventuell davon abraten oder ihn daran hindern, müssen das gegenüber dem Persönlichkeitsrecht des Menschen legitimieren."[36]

Nach Ursula Pixa-Kettner ist die Mehrzahl der Schwangerschaften von Frauen mit geistiger Behinderung nicht geplant. Dementsprechend wird es eher die Ausnahme sein, dass vor einer Schwangerschaft überlegt werden kann, ob und wie eine Elternschaft gelingen kann. Auch wenn viele Schwangerschaften ungeplant waren, haben sich fast alle befragten Eltern auf das Kind gefreut.[37] Das Umfeld reagierte in den meisten Fällen eher ablehnend, riet zu einer Abtreibung oder brach sogar den Kontakt ab.

Welche Schritte notwendig sind, wenn es unerwartet zu einer Schwangerschaft gekommen ist, werde ich später erläutern.

Zuerst möchte ich jedoch auf den Fall eingehen, dass vor der Schwangerschaft darüber nachgedacht werden kann, ob der Kinderwunsch einer Frau oder eines Paares mit geistiger Behinderung in die Tat umgesetzt werden kann und wie das Leben mit dem Kind aussehen kann.

---

[35] Dörner 1987, S. 40

[36] Betheler Arbeitstexte 6 1993, S. 32

[37] Vgl. Pixa-Kettner; Bargfrede; Blanken 1996, S. 50f.

4.2   Die Selbstbestimmung

Der Begriff *Selbstbestimmung* hat in den letzten Jahren in der Behindertenhilfe und Sonderpädagogik an Bedeutung gewonnen.

Die Idee der modernen Selbstbestimmung fällt auf den Begriff der *Autonomie* zurück, der stark vom kategorischen Imperativ[38] des Philosophen Immanuel Kant geprägt ist. Unter Selbstbestimmung bzw. Autonomie versteht er Selbstgesetzgebung und Freiheit des Willens.[39]

Nach Immanuel Kant kann autonomes und freies Handeln nie willkürlich sein. Es muss ein vernünftiges Handeln sein, das die Gesellschaft und ihre Regeln und Normen anerkennt.

Selbstbestimmung kann nach Stefan Osbahr als Wahl- und Entscheidungsautonomie verstanden werden und ist damit verbunden Verantwortung für das eigene Handeln zu übernehmen, wenn man sich der Konsequenzen bewusst ist.[40] Auch wenn Menschen mit geistiger Behinderung in ihren kognitiven Fähigkeiten eingeschränkt sind, bedeutet das nicht, dass sie nicht selbst Entscheidungen treffen können. Sie haben wie jeder Mensch ein Bedürfnis danach ernst genommen zu werden, selbst zu wählen, zu entscheiden und zu bestimmen.[41]

In der *Duisburger Erklärung*, die anlässlich des Duisburger Kongresses 1994 verabschiedet wurde, fordern Menschen mit geistiger Behinderung:

- Wir wollen mehr als bisher unser Leben selbst bestimmen.
- Wir wollen Verantwortung übernehmen.
- Jeder Mensch muss als Mensch behandelt werden!
- Selbst zu bestimmen heißt auszuwählen und Entscheidungen zu treffen.
- Wir möchten die Wahl haben, in welche Schule wir gehen: zusammen mit nicht Behinderten in die allgemeine Schule oder in die Schule für geistig Behinderte.

---

[38] Der kategorische Imperativ ist das grundlegendste und oberste Prinzip der Ethik Immanuel Kants. Er gebietet allen endlichen Vernunftwesen und damit allen Menschen, Handlungen darauf zu prüfen, ob sie einer universalisierbaren Maxime folgen und ob dabei die betroffenen Menschen je auch in ihrer Selbstzweckhaftigkeit berücksichtigt werden. (Wikipedia, Kategorischer Imperativ)

[39] Vgl. Horster 1999, S. 347

[40] Vgl. Osbahr 2000, S. 158

[41] Vgl. Osbahr 2000, S. 19

- Wir möchten die Wahl haben, wo und wie wir wohnen: mit den Eltern, zu zweit oder mit Freunden, im Wohnheim, in einer Außenwohngruppe oder Wohngemeinschaft. Es soll auch betreutes Wohnen geben.[42]

Die Selbstbestimmung der Menschen mit geistiger Behinderung scheint in den letzten Jahren zu einem wichtigen Ziel geworden zu sein; und das nicht nur von Fachleuten, sondern auch von den Menschen mit geistiger Behinderung selbst.

> „Die Idee der Selbstbestimmung wendet sich gegen die Auffassung und die Praxis, Menschen mit geistiger Behinderung dauerhaft das Recht abzusprechen, über ihre Angelegenheiten selbst entscheiden zu können. Menschen mit geistiger Behinderung sollen nicht länger als unzurechnungsfähige Personen betrachtet werden, bei denen der entsprechende Helfer weiß, was das Beste für sie ist. Die daraus resultierende Fremdbestimmung soll aufgehoben werden, indem den Menschen mit geistiger Behinderung die Möglichkeit gegeben wird, so weit als möglich ihre Angelegenheiten selbst zu entscheiden."[43]

Nach Fritz-Rüdiger Volz ist die Selbstgesetzgebung nicht der wesentliche Punkt der Selbstbestimmung, sondern die Möglichkeit über sich selbst zu bestimmen:

> „Personen führen ihr Leben nicht durch Selbst-Gesetzgebung *selbst-bestimmt*, nicht allein, nicht als soziale Atome. Personen führen ihr Leben vielmehr als sich *selbst bestimmend*: durch ihre Handlungen, nämlich als deren Subjekte. (Was ein Mensch tut, bleibt gerade für ihn selbst am wenigsten ohne Folgen!)"[44]

In Verbindung mit dem Kinderwunsch von Menschen mit geistiger Behinderung scheint mir der Aspekt „über sich selbst bestimmen zu können" der Punkt zu sein, um den es hauptsächlich geht, wenn darüber

---

[42] Auszüge aus der *Duisburger Erklärung*, vgl. Bundesvereinigung Lebenshilfe 1996, S. 10f.

[43] Weingärtner 2005, S. 13

[44] Volz 2007, S. 3

diskutiert wird, ob Menschen mit einer geistigen Behinderung Kinder bekommen sollen oder dürfen.

Geht es allgemein um die Selbstbestimmung von Menschen mit geistiger Behinderung, sollten sie so oft wie möglich selbst Entscheidungen treffen, da sie selbst am Besten wissen, was sie möchten und am meisten von ihren Entscheidungen und Handlungen betroffen sind.

Nach John Stuart Mill geht es nicht darum, dass jemand die beste Wahl trifft, sondern seine eigene. Er betont den Wert der Freiheit eine eigene Entscheidung zu treffen. Selbst wenn jemand sich falsch entscheidet, kann eine Intervention falsch sein, da er eine eigene bewusste Wahl getroffen hat.[45] Auch Menschen mit geistiger Behinderung sollten die Verantwortung für ihr Handeln selbst übernehmen, damit ihren Bedürfnissen und ihren Wünschen entsprochen wird. Auch wenn Eltern und Betreuer es in den meisten Fällen gut mit den Menschen mit geistiger Behinderung meinen, wenn sie ihnen Entscheidungen abnehmen, sind selbst getroffene Entscheidungen notwendig und wichtig. Auch auf Menschen mit geistiger Behinderung trifft zu, dass man aus Fehlern lernt. Sie sollten in Fällen, in denen keine Gefahr von einer falsch getroffenen Entscheidung ausgeht, auch selbst entscheiden können, damit sie sich weiter entwickeln.

Selbstbestimmung hat Grenzen, wenn sie die Selbstbestimmung des anderen in Frage stellt.[46]

Die Frage, ob Selbstbestimmung bei der Elternschaft von Menschen mit geistiger Behinderung unbegrenzt möglich ist scheint berechtigt zu sein, da es bei einer Elternschaft nicht nur um die Eltern, sondern auch um ein Kind geht. Schnell wird in dem Zusammenhang gefragt, ob der Wunsch der Eltern ein Kind zu bekommen wichtiger ist als ein gelingendes Leben für das Kind. Hierbei wird deutlich, dass davon ausgegangen wird, dass es nicht möglich ist, dem Wunsch von Menschen mit geistiger Behinderung nach einem Kind zu entsprechen und gleichzeitig dafür zu sorgen, dass sie mit ihrem Kind so zusammen leben können, dass es eine glückliche Kindheit erlebt. Es scheint grundsätzlich einen Interessenkonflikt zu geben in dem entschieden werden muss, ob die Interessen der Eltern oder die des Kindes im Vordergrund stehen.

Mir stellt sich die Frage, ob es immer so sein muss und ob es wirklich unmöglich ist die Bedürfnisse der Eltern und die des Kindes gleicherma-

---

[45] Vgl. Möller 2005, S. 36

[46] Vgl. Osbahr 2000, S. 158

ßen als wichtig zu betrachten und beiden genügend zu begegnen. Dabei sollte das Ziel sein ein gelingendes Leben für die Eltern mit ihrem Kind zu erreichen und alle dafür nötigen Unterstützungsmöglichkeiten bereit zu stellen. Wenn es darum geht, ob Selbstbestimmung beim Kinderwunsch von Menschen mit geistiger Behinderung Grenzen hat, sollte auch bedacht werden, dass es keine legalen Möglichkeiten gibt einer ganzen Bevölkerungsgruppe das Recht auf eigene Kinder abzusprechen. Nicht nur rechtlich, sondern auch ethisch wäre das nach Stefanie Bargfrede, Ingrid Blanken und Ursula Pixa-Kettner nicht vertretbar.[47]

Bei der Elternschaft von Menschen mit geistiger Behinderung tritt das Problem auf, dass sie auf der einen Seite das Recht auf ein eigenes Kind haben, es auf der anderen Seite von Eltern und Betreuern aber eigentlich nicht gewünscht wird. Da Menschen mit geistiger Behinderung bei ihrer Elternschaft auf die Unterstützung anderer angewiesen sind, ergibt sich daraus ein genereller Konflikt.

Nach John Stuart Mill sollte jeder Mensch selbst entscheiden, was er tut und was er besser nicht tut. Er misst den selbst getroffenen Entscheidungen einen hohen Wert zu, da nur die Person selbst am besten weiß, was gut und notwendig für sie ist. Gleichzeitig sagt er, dass Menschen nicht dazu berufen sind anderen zu sagen was sie nicht tun sollen. Dabei geht es nicht darum, keine Ratschläge zu geben, sondern darum, jemanden mit allen Mitteln von etwas abzuhalten, das dieser sich vorgenommen hat.

Nach John Stuart Mill gibt es jedoch drei Voraussetzungen, die erfüllt sein müssen, damit ein Mensch

- eine Entscheidung für sich treffen kann,
- die Verantwortung für das Handeln tragen kann und
- die anderen Menschen einen Eingriff verbieten.

Die drei Voraussetzungen sind,

1. dass die Person volljährig ist,
2. dass sie im Besitz ihres Verstandes ist und
3. dass kein Schaden und keine Gefahr für einen anderen oder die Gesellschaft entstehen.[48]

---

[47] Vgl. Bargfrede; Blanken; Pixa-Kettner 1997, S. 220
[48] Vgl. Mill 1974, S. 104ff.

John Stuart Mill unterscheidet sich in einem Punkt von Heinz Bach, der der Meinung ist, dass auch der Schaden für die handelnde Person selbst andere zum Eingreifen berechtigt.[49]

Im nächsten Punkt möchte ich die von John Stuart Mill genannten Voraussetzungen einer autonomen Entscheidung näher betrachten und Überlegungen anstellen, ob Menschen mit einer geistigen Behinderung trotz ihrer kognitiven Einschränkungen eine Entscheidung treffen können, bei der sie sich über die Konsequenzen im Klaren sind und für die sie die Verantwortung übernehmen können.

4.3   Die Voraussetzungen für eine autonome Entscheidung

„Autonomie ist das Recht und Vermögen des Menschen, selbstständig zu entscheiden, was mit ihm geschehen soll."[50]

Nach John Stuart Mill müssen drei Voraussetzungen erfüllt sein, damit ein Mensch eine autonome Entscheidung treffen kann. In den folgenden Punkten möchte ich im Zusammenhang mit der Elternschaft von Menschen mit geistiger Behinderung näher darauf eingehen.

4.3.1   Die erste Voraussetzung

Die erste Voraussetzung für eine autonome Entscheidung ist nach John Stuart Mill die Volljährigkeit der entscheidenden Person. Dadurch soll gewährleistet sein, dass die Person über eine gewisse Reife verfügt und über die Fähigkeit, die Konsequenzen des Handelns abwägen zu können. Hinzu kommt, dass Minderjährige nicht für jedes Handeln verantwortlich gemacht werden können und im Zweifelsfall die Erziehungsberechtigten haften. Die Minderjährigkeit einer Person macht es geradezu notwendig einzuschreiten und Handeln vorzugeben, um Gefahr und Schaden abzuwenden. Somit lässt sich auch die Kindererziehung rechtfertigen, bei der häufig vorgegeben wird, wie ein Kind sich verhalten soll, um Gefahr abzuwenden. Einem Kind zu sagen, dass es erst schauen muss, ob ein Auto kommt, bevor es über die Straße geht, schränkt die Selbstbestimmung ein, bewahrt es jedoch auch vor einem eventuell tödlichen Zusammenstoß mit einem Auto.

Bei Menschen mit geistiger Behinderung können die notwendigen Fähigkeiten für eine autonome Entscheidung trotz der Volljährigkeit nicht

---

[49] Vgl. Bach 1997, S. 69

[50] Peintinger 2009, S. 4

vorhanden sein. Dann ist es nicht nur zulässig, sondern auch notwendig, bestimmte Entscheidungen von anderen Personen treffen zu lassen, um die Person selbst, aber auch andere vor den Folgen einer falschen Entscheidung zu schützen. Wichtig ist aber sich bewusst zu machen, dass das nicht bedeutet, dass eine Person mit geistiger Behinderung gar keine Entscheidungen treffen darf. Es kommt immer auf den Einzelfall und die möglichen Konsequenzen einer Entscheidung an.

4.3.2   Die zweite Voraussetzung

Nach John Stuart Mill müssen Personen im Besitz ihres Verstandes sein um Handlungen, die nur sie selbst betreffen, durchzuführen und die Folgen zu tragen.[51]

Es ist notwendig dazu in der Lage zu sein, um die Folgen angemessen bedenken zu können. John Stuart Mill bezieht sich in seinen Überlegungen nicht auf Menschen mit geistiger Behinderung, da deren Verstand beeinträchtigt ist. Fraglich ist nun, ob Menschen mit einer geistigen Behinderung die Konsequenzen ihrer Handlungen abschätzen können, um die Verantwortung für ihr Handeln zu tragen. Dazu möchte ich zuerst einmal klären, wann eine Person in der Lage ist über die Konsequenzen ihrer Handlung nachzudenken und darüber zu entscheiden, ob sie diese tragen kann und will.

Es ist notwendig genaue Informationen darüber zu haben wie die Konsequenzen aussehen, um sie abschätzen zu können.

Menschen ohne geistige Behinderung sind in der Lage, sich die Folgen ihres Handelns vorzustellen. Aber auch wenn ihnen dazu wichtige Informationen fehlen ist es möglich, durch das Beschaffen der notwendigen Angaben dahin zu kommen, dass sie die Konsequenzen abwägen können. Menschen mit einer geistigen Behinderung können durch die Behinderung so weit in ihrer Vorstellungskraft eingeschränkt sein, dass sie nicht in der Lage sind, sich die Konsequenzen ihres Handelns vorzustellen. Durch die Unterstützung anderer Personen kann es aber durchaus gelingen, Menschen mit geistiger Behinderung die Informationen zu geben, die sie brauchen, um zu entscheiden, ob sie etwas tun wollen und die damit verbundenen Folgen tragen können.

Nach Corinne Wohlgensinger ist eine Person autonom, wenn sie fähig ist über ihre Wünsche, Ziele und Werte zu reflektieren und die Reflexion nicht von außen beeinflusst wird.[52]

---

[51] Vgl. Mill 1974, S.104

Die Bereitstellung von Informationen und die Aufklärung über mögliche Folgen scheinen mir keine Beeinflussung von außen zu sein. Dabei gehe ich einmal davon aus, dass die vorhandenen Informationen und die Aufklärung nicht manipulierend oder einseitig sind.

Ein gutes Beispiel für diese Art der Vorbereitung einer Entscheidung ist die ärztliche Aufklärung vor einem Eingriff.

Normalerweise wissen die Patienten wenig über eine bevorstehende Operation und deren Risiken. Um dem Patienten zu ermöglichen eine gute Entscheidung darüber zu treffen, ob er einem Eingriff zustimmt, wird er über die Operation und mögliche Risiken aufgeklärt. Danach bekommt er eine Bedenkzeit und soll darüber nachdenken und selbst entscheiden, ob er zustimmt oder nicht.

Warum sollte diese Art der Vorbereitung einer Entscheidung nicht auch für Menschen mit einer geistigen Behinderung bei der Entscheidung über eine Elternschaft eingesetzt werden? Menschen mit geistiger Behinderung haben oft wenige Informationen darüber, wie das Leben mit einem Kind aussieht, vor allem wenn sie lange Zeit in einem Wohnheim gelebt und wenig Kontakt zu Familien und Kindern gehabt haben. Ihre Vorstellungen und Wünsche sind dann selten realistisch, weil sie nicht wissen können, wie sich ihr Leben durch ein Kind verändern wird. Um Menschen mit geistiger Behinderung dabei zu helfen eine gute Entscheidung zu treffen ist es wichtig, ihnen die notwendigen Informationen zu geben und ihnen deutlich zu machen, wie das Leben als Mutter/Vater aussieht. Dabei darf nicht verschwiegen werden, dass die Möglichkeit besteht, dass das Kind nicht bei ihnen bleiben kann, und dass es sehr viel Arbeit sein wird, ein gutes Umfeld für das Kind zu schaffen, damit es bei den Eltern leben kann.

Menschen mit einer geistigen Behinderung können die Verantwortung für ihr Handeln übernehmen, wenn sie eine überlegte Entscheidung getroffen haben und um die Konsequenzen wissen. Wichtig dabei ist, dass sie in der Lage sind die Folgen abzuschätzen, zu beurteilen, zu bewerten und zu entscheiden, ob sie sie tragen können.

Aufgrund einer (schweren) geistigen Behinderung kann diese Fähigkeit eingeschränkt sein. Das bedeutet dann jedoch nicht, dass ein Mensch mit einer geistigen Behinderung überhaupt keine eigenen Entscheidungen treffen kann.

---

[52] Vgl. Wohlgensinger 2007, S. 94

Bei Menschen mit geistiger Behinderung kommt erschwerend hinzu, dass sie oft nicht gelernt haben eigene Entscheidungen zu treffen. Um selbst bestimmen zu können, ist es wichtig mit eigenen Bedürfnissen und Wünschen umgehen zu können und eine gewisse Übung darin zu haben Entscheidungen zu treffen. Corinne Wohlgensinger bringt die zweite Voraussetzung für eine autonome Entscheidung auf den Punkt:

> „Zusammenfassend lässt sich also festhalten, dass Selbstbestimmung oder Autonomie mit den (kognitiven) Fähigkeiten verknüpft ist, die eigenen Wünsche, Ziele und Werte zu reflektieren. Diese Fähigkeiten sind auch deshalb ausschlaggebend, weil sie den Menschen verpflichten, seine autonom gefällten Entscheide zu verantworten."[53]

4.3.3 Die dritte Voraussetzung

Die dritte Voraussetzung für eine autonome Entscheidung ist die, dass kein Schaden und keine Gefahr für Dritte oder die Gesellschaft von der Entscheidung ausgehen darf.

Wenn es um die Entscheidung eines Menschen mit geistiger Behinderung geht, sollte meiner Meinung nach auch eine Selbstgefährdung einen Eingriff in die autonome Entscheidung erlauben. Dabei geht es nicht nur darum, dass die Betreuer oder Eltern die Verantwortung für einen Menschen mit geistiger Behinderung tragen, sondern auch einen Auftrag haben sich darum zu bemühen, dass er die notwendig Unterstützung bekommt die er braucht. Die Möglichkeit, dass ein Mensch mit geistiger Behinderung eine falsche Entscheidung treffen kann, weil er nicht in der Lage ist die Konsequenzen richtig einzuschätzen, sollte es ermöglichen wichtige Entscheidungen zu begleiten und im Ernstfall auch korrigierend einzuschreiten.

Die dritte Voraussetzung spielt bei dem Kinderwunsch von Menschen mit geistiger Behinderung eine wichtige Rolle, weil häufig damit argumentiert wird, dass es eine Gefahr für das Kind darstellt, bei Eltern mit einer geistigen Behinderung aufzuwachsen. Sie besteht nicht nur darin, dass das Kind vernachlässigt oder misshandelt werden könnte, sondern auch in mangelnder Liebe und Förderung.

Menschen mit geistiger Behinderung brauchen, abhängig von ihrer Behinderung, Unterstützung in ihrer alltäglichen Lebensführung. Bei der

---

[53] Wohlgensinger 2007, S. 96

Versorgung eines Kindes sind sie gerade am Anfang darauf angewiesen, dass ihnen gezeigt wird, wie ein Kind richtig gepflegt und versorgt wird. *Alle* werdenden Eltern müssen sich vor der Geburt darüber informieren, wie mit einem Baby umgegangen werden muss, welche Bedürfnisse es hat und was man beachten muss. Auch nach der Geburt nehmen viele Eltern die Hilfe einer Hebamme in Anspruch um für die erste Zeit eine erfahrene Begleitung bei der Versorgung des Kindes zu haben. Es ist normal, dass Menschen sich an neue Situationen gewöhnen müssen und zu Beginn auf die Hilfe von erfahrenen Personen zurückgreifen, um ihre neue Rolle und ihre Aufgaben gut zu erfüllen. Aber auch später besteht für alle Eltern die Möglichkeit, Beratung oder Unterstützung bei der Erziehung der Kinder in Anspruch zu nehmen. Menschen mit geistiger Behinderung sind dementsprechend keine Ausnahme, wenn es darum geht Hilfe bei der Erfüllung der Aufgaben als Eltern in Anspruch zu nehmen.

Menschen mit geistiger Behinderung können neue Dinge lernen, auch wenn sie dazu oft länger brauchen als andere. Bei der Versorgung eines Kindes ist das nicht anders. Notwendig ist bei der Kinderversorgung jedoch eine Kontrolle, damit das Kind während der Zeit des Erlernens der Eltern immer gut versorgt ist.

Allgemein kann man nicht davon ausgehen, dass Eltern mit geistiger Behinderung ihre Kinder häufiger vernachlässigen als nicht behinderte Eltern. Wie alle Eltern versuchen auch Menschen mit geistiger Behinderung ihre Kinder nach den ihnen bekannten Werten und Normen zu erziehen. Da sie oft in einem Umfeld aufgewachsen sind und leben, das nicht dem Umfeld von nicht behinderten Kindern und Erwachsenen entspricht, wird es notwendig sein die Eltern auch bei der Aufgabe zu unterstützen, um das Kind auf ein Leben in der Gesellschaft vorzubereiten.

Ein Nachteil, der für das Kind von Eltern mit geistiger Behinderung entstehen könnte, ist der, dass sie es ohne Hilfe nicht zu einer eigenverantwortlichen und gemeinschaftsfähigen Persönlichkeit nach §1 SGB VIII erziehen können, weil sie selbst nicht dazu erzogen wurden. Aus meiner Sicht kann aber auch einem Kind von Eltern mit geistiger Behinderung mit Unterstützung der Jugendhilfe und anderer Diensten zu diesem Recht verholfen werden.

> „Wie alle Eltern haben auch geistig behinderte den Anspruch, dass es ihren Kindern einmal besser geht, und das ist

eine gute Basis, Dinge zu erlernen, die für die Entwicklung ihrer Kinder von Vorteil sind"[54]

Das Risiko, dass sich ein Kind nicht richtig entwickeln kann, ist sowohl bei einer geistigen Behinderung der Eltern als auch bei jeglichen anderen ungünstigen Lebensbedingungen vorhanden. Würde über ein generelles Verbot der Elternschaft von Menschen mit Behinderung nachgedacht, weil die Kinder sich unter den Bedingungen eventuell nicht so gut entwickeln könnten wie bei gesunden Eltern, müsste das Verbot auf weitere Bevölkerungsgruppen ausgedehnt werden. Für Kinder besteht die Gefahr einer nicht optimalen Entwicklung ebenfalls bei Eltern mit Suchtproblemen, solchen, die psychische Probleme haben oder auch, wenn ihre Eltern geschieden sind. Die Bindung der Kinder zu den Eltern ist zu wichtig um sie aufgrund von nicht ganz optimalen Verhältnissen zu stören, indem man das Kind anderweitig unterbringt. Deshalb ist die Herausnahme des Kindes aus der Familie der letzte Schritt, wenn alle anderen Hilfsangebote fehlgeschlagen sind und weiterhin eine Gefahr für das Kindeswohl besteht.

Vor allem in älteren Studien wird von einem großen Anteil der Kinder von Eltern mit geistiger Behinderung berichtet, die ebenfalls eine geistige Behinderung haben. Es gibt jedoch mittlerweile Studien, die von einer beträchtlichen Anzahl von Kindern geistig behinderter Eltern berichten, die keinerlei Beeinträchtigungen wie eine geistige Behinderung, eine Entwicklungsverzögerungen oder eine sprachliche Beeinträchtigung aufweisen.[55]

Durch die Hilfen für Eltern mit geistiger Behinderung und das Kind entstehen natürlich Kosten. Diese müssen von der Gesellschaft getragen werden und könnten als gesellschaftsschädigend interpretiert werden. Hierbei ist es wichtig abzuwägen, ob der finanzielle Mehraufwand eine Unterbindung von Elternschaft von Menschen mit geistiger Behinderung rechtfertigt.

Meiner Ansicht nach ist die Schlussfolgerung nicht zulässig, weil dann auch Menschen, die von Sozialleistungen leben, keine Kinder bekommen dürften, weil der Staat für ihren Unterhalt aufkommen muss. In dem Punkt müsste ein Verbot auf weitere Gruppen der Gesellschaft ausgebreitet werden, was gegen das Recht auf selbst bestimmte Familienplanung sprechen würde.

---

[54] Müllers-Heymer 2001

[55] Vgl. Pixa-Kettner 2002, S.18f.

Der einzige Grund, der gegen eine autonome Entscheidung bei einer Elternschaft von Menschen mit geistiger Behinderung sprechen könnte, ist der, dass das Kind bei einer Elternschaft in jedem Fall einen Schaden davon tragen würde. Da das nicht der Fall ist, sollten Menschen mit einer geistigen Behinderung eine autonome Entscheidung in Bezug auf eine Elternschaft treffen können.

4.4 Der Kinderwunsch

Der Wunsch geistig behinderter Menschen nach einem Kind sollte ernst genommen werden. Dabei ist es wichtig herauszufinden, ob etwas nicht sofort ersichtliches hinter dem Kinderwunsch stehen könnte. Manchmal ist es der Wunsch nach mehr Nähe, Verantwortung, einer Aufgabe oder größerer Akzeptanz. Durch die erschwerte Ablösung von den Eltern kann der Kinderwunsch auch den Wunsch enthalten, endlich erwachsen zu sein und nicht mehr wie ein Kind behandelt zu werden. Die Schlussfolgerung ist häufig: Wer ein Kind hat, kann selbst kein Kind mehr sein.[56] Auch die Hoffnung mit einem Kind in einer eigenen Wohnung leben zu dürfen steht manchmal hinter einem Kinderwunsch. In solchen Fällen sollte in Frage gestellt werden, ob der Wunsch nach einem Kind wirklich im Interesse der Person liegt. Falls nicht, wäre ein Kind nicht der richtige Weg um die Bedürfnisse zu befriedigen und eine andere Möglichkeit sollte gefunden werden.[57] Die Kinderwunschmotive von Menschen mit geistiger Behinderung unterscheiden sich im Allgemeinen nicht von denen anderer Menschen. Der Wunsch nach einem Kind ist auch bei Menschen ohne geistige Behinderung oft eigennützig. Sie hoffen beispielsweise auf eine Sinnfindung in der Elternrolle, auf größere Akzeptanz, eine Altervorsorge oder die Festigung der Partnerschaft durch ein Kind.[58]

Bezugspersonen der betroffenen Menschen mit geistiger Behinderung sollte offen mit ihnen darüber sprechen, wie sie sich ein Leben mit Kind vorstellen. Wenn Menschen mit geistiger Behinderung selbst eine Entscheidung treffen sollen, ob sie ein Kind bekommen möchten, dann sollte von Eltern und Betreuern dazu beigetragen werden, dass alle notwendigen Informationen dazu vorhanden sind. Damit kann erreicht werden, dass eine kompetente Entscheidung getroffen werden kann, bei

---

[56] Vgl. Walter 2005, S. 295

[57] Vgl. Friske 1995 in Gellenbeck 2002, S. 78

[58] Vgl. Wohlgensinger 2007, S. 97

der die Personen sich im Klaren darüber sind, welche Aufgaben als Mutter/Vater auf sie zukommen und welche Folgen die Entscheidung für ein Kind hat. Es ist wichtig alle Einzelheiten im Voraus zu besprechen, um es dem Menschen mit geistiger Behinderung zu ermöglichen eine gute Entscheidung zu treffen. Es sollte deutlich werden, welche Veränderung eine Schwangerschaft und die Geburt des Kindes mit sich bringen werden. Vor allem wenn klar ist, dass die Frau oder das Paar in eine geeignete Wohneinrichtung umziehen muss, damit das Kind bei den Eltern bleiben kann.

In Anlehnung an Corinne Wohlgensinger möchte ich kurz einige Punkte nennen, die vor einer Entscheidung für ein Kind mit den potentiellen Eltern thematisiert werden sollten:

- Die eigene Identität und verschiedene Faktoren einer Partnerschaft.
- Motive des eigenen Kinderwunsches.
- Wissen, wie ein Kind entsteht und wie man eine Schwangerschaft verhindern kann.
- Der Zeitpunkt und die Dauer der Schwangerschaft.
- Die Geburt und die Geburtsvorbereitung.
- Was bedeutet es ein Kind zu versorgen und was sind meine individuellen Kenntnisse/Defizite?
- Die Veränderungen der Wohn- und Lebenssituation um mit dem Kind zusammen leben zu können.
- Die Ökonomische Situation.[59]

Beim ambulant betreuten Wohnen in Basel wird Frauen mit einer geistigen Behinderung angeboten in einer Familie oder Kindertageseinrichtung für ein paar Wochen zu hospitieren um herauszufinden, ob sie sich der Aufgabe gewachsen fühlen, ihren Alltag mit einem Kind zu bestreiten.

Wenn die Entscheidung darüber, ob ein Paar oder eine Frau mit geistiger Behinderung ein Kind bekommen wird, allein bei den Menschen mit geistiger Behinderung belassen wird, dann ist es die Aufgabe der Eltern und Betreuer dafür zu sorgen, dass die Person informiert und über die Folgen und Konsequenzen aufgeklärt ist. Nur dann kann ein Mensch eine gute Entscheidung treffen und die Wahrscheinlichkeit steigt enorm, dass es die richtige Entscheidung ist.

---

[59] Vgl. Wohlgensinger 2007, S. 107f.

Für Frauen mit einer leichten geistigen Behinderung scheint das Thema Mutterschaft schwieriger zu sein, weil sie bestimmte Fähigkeiten haben und ihren Alltag oftmals selbst regeln und gestalten können. Sie brauchen dann nur bei Ämter- und Behördengängen, Geldangelegenheiten oder Arztbesuchen Unterstützung. Dennoch kennen sie ihre Grenzen und wissen, dass sie auf Unterstützung angewiesen sind.

Frauen mit einer schweren geistigen Behinderung können ihren Kinderwunsch häufig in spielerischer Weise ausleben. Sie haben dann zum Beispiel eine Puppe, die sie sich unter den Pullover stecken und erzählen, dass sie schwanger sind oder tragen die Puppe mit sich herum und tun so, als wäre sie ihr Kind. Unabhängig von der Schwere der geistigen Behinderung ist es so gut wie unmöglich, vorab festzustellen, ob eine Frau mit geistiger Behinderung in der Lage sein wird, ihr Kind zu versorgen. Wichtig ist jeden Fall individuell zu betrachten. Es kann keine Verallgemeinerung geben, unter welchen Umständen eine Frau mit geistiger Behinderung sich um ihr Kind kümmern kann und wann nicht. Dazu spielen viel zu viele Faktoren bei der Versorgung des Kindes eine wichtige Rolle.

5 Paternalismus als Einschränkung der Selbstbestimmung

Da es in den letzten Jahren zum Ziele in der Behindertenhilfe geworden ist, die Selbstbestimmung von Menschen mit geistiger Behinderung zu fördern und zu erhalten, kommt schnell die Frage auf, ob die Selbstbestimmung Grenzen hat oder haben sollte.

Im alltäglichen Leben gibt es viele Entscheidungen, die die Bewohner eines Wohnheimes selbst treffen dürfen, weil die Folgen der Entscheidungen nicht negativ sind oder sich in einem tragbaren Rahmen bewegen. Solange die Personen nicht anderen oder sich selbst schaden, sollte die Selbstbestimmung prinzipiell gefördert werden.

Das es Grenzen der Selbstbestimmung gibt, ergibt sich aus den genannten Voraussetzungen einer autonomen Entscheidung von John Stuart Mill, die unter 4.3 thematisiert wurden. Personen, die diese Voraussetzungen nicht erfüllen, können und sollen nur bedingt selbst bestimmen können, weil sie selbst und Dritte vor Gefahren falscher Entscheidungen geschützt werden müssen. Ein Eingriff kann gerechtfertigt werden, wenn ein Schaden für die handelnde Person oder Dritte wahrscheinlich ist.

Im Zusammenhang mit Paternalismus geht es nicht darum, wie andere Personen durch einen Eingriff geschützt werden können, sondern darum, ob und wie jemand gegen seinen Willen vor sich selbst und den Konsequenzen seiner Handlungen geschützt werden kann.

Der Eingriff in die Selbstbestimmung oder Autonomie einer Person wird Paternalismus genannt.

> „Unter Paternalismus versteht man ein Verhalten, das den Zweck hat, einem anderen Schutz aufzuzwingen, und zwar unabhängig davon, ob der Schutz erwünscht ist oder nicht."[60]

Schützt der Staat seine Bürger gegen deren Willen vor einem Schaden, spricht man von staatlichem Paternalismus. Ein Beispiel dafür ist die Anschnallpflicht im Auto. Dabei geht der Staat davon aus, dass der Bürger nicht ausreichend in der Lage ist, seine Freiheit sinnvoll zu nutzen und das er eventuell einen Schaden an sich selbst verursachen könn-

---

[60] Möller 2005, S. 11

te. Bei der Elternschaft von Menschen mit geistiger Behinderung spielt Paternalismus eine Rolle, wenn gefragt wird, ob eine Elternschaft verhindert werden darf, wenn sie mit hoher Wahrscheinlichkeit negative Folgen für den Menschen mit geistiger Behinderung hat. Paternalistische Eingriffe können von den Eltern, gesetzlichen Betreuern oder Betreuern im Wohnheim vorgenommen werden. Dazu zählen auch Sterilisationen gegen den Willen eines Menschen mit geistiger Behinderung, um ihn vor den Folgen einer Schwangerschaft zu schützen.

Für die Elternschaft von Menschen mit geistiger Behinderung ist es wichtig zwischen *hartem* und *weichem Paternalismus* zu unterscheiden. Weitere Unterscheidungen möchte ich nicht berücksichtigen, da sie zwar interessant, aber für das Thema der Arbeit nebensächlich sind.

5.1   Harter und weicher Paternalismus

Beim *harten Paternalismus* wird die Ansicht vertreten, dass ein Eingriff erlaubt ist, wenn aus der Handlung der Person ein Schaden, eine Gefahr oder eine Verletzung für die handelnde Person entsteht, sie aber bei vollem Bewusstsein und freiwillig ihre Entscheidung getroffen hat.

Beim *weichen Paternalismus* geht es darum, dass die handelnde Person die Entscheidung unfreiwillig getroffen hat und bei klarem Bewusstsein nicht so gehandelt hätte, da sie mit den Folgen nicht einverstanden gewesen wäre. Im Gegensatz zum *harten* wird der *weiche Paternalismus* häufig als legitim beurteilt, weil eine stellvertretende Entscheidung im Sinne der Person gefällt wird, die dazu selbst nicht in der Lage ist.

> „Harter Paternalismus bedeutet, dass der Schutz auch dem aufgedrängt werden darf, der seine Entscheidung für eine Selbstgefährdung oder -verletzung völlig freiwillig (voluntary) trifft. Vertreter des weichen Paternalismus lehnen dies ab; sie sind aber der Ansicht, dass ein Eingreifen zum Schutze des Betroffenen erlaubt sein soll, wenn dessen Entscheidung unfreiwillig ist.[61]

Bei der Kindererziehung könnte von *weichem Paternalismus* gesprochen werden, weil Entscheidungen getroffen werden, die das Kindeswohl im Blick haben. Zusätzlich kann davon ausgegangen werden, dass die

---

[61] Ebd., S. 16

Kinder, wenn sie die notwendigen Fähigkeiten hätten, genau so gehandelt hätten.[62]

Stellvertretend für andere Menschen zu handeln ist nicht unproblematisch. Auch wenn es bei Menschen mit geistiger Behinderung teilweise notwendig ist Entscheidungen für sie zu treffen, kann man nie genau wissen, ob die Person selbst auch so gehandelt hätte, wenn sie die geistige Behinderung nicht hätte.

Oft entscheiden Menschen ohne geistige Behinderung trotz ähnlicher Situationen unterschiedlich, denn sie haben verschiedene Vorlieben, Prägungen oder Werte. Es ist also unmöglich herauszufinden, wie sich die Person mit geistiger Behinderung selbst entschieden hätte. Es können immer nur Mutmaßungen angestellt werden, eine Sicherheit, richtig für den anderen entschieden zu haben gibt es nicht; schon deshalb nicht, weil es unmöglich ist sich vorzustellen, wer und wie die Person ohne geistige Behinderung wäre. Trotz der Problematik ist es manchmal unerlässlich stellvertretend Entscheidungen für Menschen mit geistiger Behinderung zu treffen. Vor allem wenn sie nicht in der Lage sind die Konsequenzen abzuschätzen und somit keine kompetente Entscheidung getroffen werden kann.

Bei Menschen mit geistiger Behinderung wäre es demnach legitim in Form von *weichem Paternalismus* einzugreifen, wenn die betroffene Person keine Ahnung hat, was mit der Geburt eines Kindes auf sie zu kommt und vermutet werden kann, dass das Kind nicht bei den Eltern bleiben kann. Eine uninformierte Entscheidung würde das rechtfertigen.

Auch John Stuart Mill macht deutlich, dass ein Eingriff in die Handlungsfreiheit zulässig ist, wenn nicht sicher ist, ob die Person weiß was sie tut. Er ist der Ansicht, dass ein Eingreifen so lange erlaubt ist, bis die Person über die Konsequenzen aufgeklärt wurde und dann selbst entscheiden kann, ob sie an ihrer Entscheidung fest hält oder nicht. Deutlich macht er das an einem Beispiel:

> „Wenn ein öffentlicher Beamter oder sonst jemand sieht, wie ein Mensch eine Brücke überschreiten will, die erwiesenermaßen unsicher ist, und keine Zeit mehr hat, ihn vor der Gefahr zu warnen, so darf er ihn – ohne seine Freiheit zu beeinträchtigen – anfassen und zurück ziehen. Denn Freiheit be-

---

[62] Vgl. Wohlgensinger 2007, S. 102

steht darin, zu tun, was man will, und der Betreffende will ja nicht ins Wasser fallen."[63]

In diesem Zusammenhang muss geprüft werden, ob die betroffene Person von einer uninformierten Entscheidung durch Aufklärung zu einer kompetenten gelangen kann. Wenn das der Fall ist, kann ein paternalistischer Eingriff dazu beitragen die Person vor einer falschen Entscheidung zu bewahren, bis sie in die Lage hineinversetzt ist, eine kompetente Entscheidung treffen zu können. So könnte auch bei der Elternschaft von Menschen mit geistiger Behinderung vorgegangen werden. Wenn eine Person mit geistiger Behinderung einen Kinderwunsch äußert, wäre es eventuell sinnvoll ihm erst einmal davon abzuraten. Anschließend kann durch informierende Gespräche unterstützt werden, dass die Person ihren Kinderwunsch noch einmal überdenken kann, um dann erst eine endgültige Entscheidung zu treffen.

5.2 Das Paternalismusverbot von John Stuart Mill

John Stuart Mill vertritt die Meinung, dass nur die Gefahr für Dritte einen Eingriff in die Handlungsfreiheit einer Person rechtfertigt.

> „Dies Prinzip lautet: dass der einzige Grund, aus dem die Menschheit, einzeln oder vereint, sich in die Handlungsfreiheit eines ihrer Mitglieder einzumengen befugt ist, der ist: sich selbst zu schützen. Das der einzige Zweck, um dessentwillen man Zwang gegen den Willen eines Mitglieds einer zivilisierten Gemeinschaft rechtmäßig ausüben darf, der ist: die Schädigung anderer zu verhüten. (...) Nur insoweit sein Verhalten andere in Mitleidenschaft zieht, ist jemand der Gesellschaft verantwortlich. Soweit er dagegen selbst betroffen ist, bleibt seine Unabhängigkeit von Rechts wegen unbeschränkt. Über sich selbst, über seinen eigenen Körper und Geist ist der einzelne souveräner Herrscher."[64]

John Stuart Mill begründet sein Paternalismusverbot mit vier Aussagen:

---

[63] Mill 1974, S. 132

[64] Mill 1974, S. 16f.

1. Jeder weiß am besten selbst, was gut für ihn ist und kann sich auch selbst am besten schützen.[65]

Auch wenn andere das Gefühl haben, besser zu wissen was gut für eine Person ist, hat eine selbst getroffene Entscheidung einen Wert. Intelligenter oder reifer zu sein als jemand anderes berechtigt nicht dazu, in die Handlungsfreiheit einer anderen Person einzugreifen. Deshalb sollte auch eine Fehlentscheidung in Kauf genommen werden.

> „Alle Irrtümer, die er vielleicht entgegen Rat und Warnung begehen kann, werden weit übertroffen von dem Übel, anderen zu erlauben, ihm das aufzuzwingen, was sie für gut für ihn halten."[66]

Jemanden seine eigene Entscheidung treffen zu lassen bedeutet nicht, völlig gleichgültig daneben zu stehen und ihn eventuell in sein Unglück rennen zu lassen. John Stuart Mill fordert gerade dazu auf anderen zu helfen, indem man sie vor negativen Konsequenzen warnt und somit unterstützt, die richtige Entscheidung zu treffen.

2. Die Pluralität der Gesellschaft lässt es nicht zu, den richtigen Weg oder Lebensstil festzulegen, an den sich alle anpassen sollen.[67]

Menschen sind so unterschiedlich, dass auch ihre Lebensweisen unterschiedlich sein müssen um den jeweiligen Bedürfnissen zu entsprechen. Auch Menschen mit geistiger Behinderung haben verschieden Vorstellungen und Wünsche und können nicht alle mit derselben Unterstützung gut begleitet werden. Individualität ist Voraussetzung für eine gelingende Begleitung.

> „Es ist kein Grund vorhanden, warum alle menschliche Existenz nach einem oder einigen wenigen Mustern aufgebaut werden sollte."[68]

---

[65] Vgl. ebd. S. 20f.

[66] Ebd. S. 106

[67] Vgl. ebd. S. 20

[68] Ebd. S. 93

3. Menschliche Fähigkeiten werden nur geübt und weiterentwickelt, wenn eine Wahl getroffen wird.[69]

Eigene Entscheidungen zu treffen bedarf gewisser Übung. Leider werden viele Menschen mit geistiger Behinderung nicht zur Selbständigkeit erzogen. Ihnen wird unterstellt, dass sie keine guten eigenen Entscheidungen treffen können und bekommen deshalb gar nicht erst die Möglichkeit dazu. Dadurch werden ihre eventuell vorhandenen Fähigkeiten der Auffassung, des Urteilens und des Unterscheidens nicht geschult und auch nicht weiterentwickelt. Sie verkümmern und machen eine Fremdbestimmung notwendig.

4. Paternalismus stärkt die Regierung und macht das selbstständige Denken und Handeln des Volkes überflüssig.[70]

Die Abhängigkeit vom Staat oder anderen Organisationen soll so gering wie möglich gehalten werden, um die Regierung nicht übermächtig werden zu lassen. Die einzelnen Bürger sollen nicht verlernen selbst zu denken und Entscheidungen zu treffen.

Zusammenfassend nennt John Stuart Mill zwei Grundregeln:

> „Die Grundregeln sind: Erstens, dass das Individuum der Gemeinschaft nicht für seine Handlungen verantwortlich ist, soweit diese nur seine eigenen Interessen betreffen. Beratung, Belehrung, Überredung und Abbruch des Verkehrs seitens anderer – falls sie es für richtig halten – sind die einzigen Maßnahmen, durch welche die Gesellschaft rechtmäßig Missfallen oder Missbilligung seines Verhaltens ausdrücken kann. Zweitens, dass für solche Handlungen, die den Interessen anderer zuwiderlaufen, das Individuum verantwortlich ist und die Gesellschaft ihm eine soziale oder gesetzliche Strafe auferlegen kann, wenn sie der Meinung ist, dass die eine oder die andere zu ihrem Schutz nötig sei.[71]

---

[69] Vgl. ebd. S. 81

[70] Vgl. ebd., S. 151

[71] Ebd., S. 129

John Stuart Mill beantwortet ethische Fragen danach, ob sie einen Nutzen haben und inwieweit etwas zum Glück eines Menschen beitragen kann:

> „Mill schreibt ausdrücklich, dass er Nützlichkeit für den angemessenen Maßstab in allen ethischen Fragen hält. Dementsprechend ist die Frage, ob Paternalismus zulässig ist, für ihn danach zu entscheiden, inwieweit er zum Glück der Menschen beitragen kann."[72]

Trotz seines Paternalismusverbotes scheint John Stuart Mill Paternalismus in Einzelfällen damit rechtfertigen zu können, dass er zum Glück eines Menschen beitragen kann. Er bezieht sich bei seinem Paternalismusverbot nicht auf Kinder oder Menschen mit geistiger Behinderung, sie sind davon ausgenommen, weil sie keine „völlig ausgereiften Fähigkeiten" besitzen.

> „Es ist vielleicht kaum nötig zu betonen, dass diese Lehre nur auf Menschen mit völlig ausgereiften Fähigkeiten anzuwenden wäre. (…) Wer sich noch in einem Stand befindet, wo andere für ihn sorgen müssen, den muss man gegen seine eigenen Handlungen ebenso schützen wie gegen äußere Unbill."[73]

Er schlussfolgert, dass es für das Glück von Menschen mit geistiger Behinderung notwendig ist fremdbestimmt zu werden. Diese Verallgemeinerung halte ich für sehr problematisch. Auch wenn John Stuart Mill Menschen mit geistiger Behinderung den Schutz vor Paternalismus vorenthält, weil sie aufgrund mangelnder Fähigkeiten vor sich selbst geschützt werden müssen, sollte auch das meiner Meinung nach nicht ohne weiteres verallgemeinert werden. Ich möchte daher prüfen, ob ein Paternalismusverbot nicht auch für Menschen mit geistiger Behinderung gelten kann.

---

[72] Möller 2005, S. 35

[73] Mill 1974, S. 17

6   Die Bedeutung von Kompetenzen

Der Begriff *Kompetenz* tritt im Zusammenhang mit Entscheidungen immer wieder auf. Die Frage nach ihr scheint ausschlaggebend zu sein, ob ein paternalistischer Eingriff gerechtfertigt werden kann. Deshalb möchte ich näher auf den Kompetenzbegriff eingehen und beschreiben, welche Auswirkungen es hat für inkompetent gehalten zu werden. Unter *Kompetenzen* werden Fähigkeiten und Fertigkeiten verstanden um bestimmte Probleme oder Aufgaben zu lösen und zu bewältigen. Die Bereitschaft der Aufgabenbewältigung wird dabei vorausgesetzt.

Bei der Selbstbestimmung kann man nicht davon ausgehen, dass ein Mensch sie entweder völlig frei ausleben kann oder aber überhaupt nicht. Es ist eher so, dass es immer auf die konkrete Situation, die zu treffende Entscheidung und die vorhandenen Kompetenzen der Person ankommt.

Jemand kann also bei einer Entscheidung in der Lage sein, selbst die Verantwortung zu übernehmen und bei einer anderen nicht.

Bei Menschen mit geistiger Behinderung ist es also denkbar, dass sie in der Lage bzw. kompetent sind, selbst zu entscheiden was sie Essen möchten, gleichzeitig aber nicht die nötige Kompetenz haben ihr Geld eigenverantwortlich zu verwalten.

Paternalistische Eingriffe werden entweder damit gerechtfertigt, dass Dritte oder die handelnde Person selbst geschädigt werden, wenn nicht eingegriffen wird. Natürlich sollte die Unversehrtheit anderer und der eigenen Person bei Entscheidungen eine Rolle spielen, fraglich ist aber, ob das bei Menschen ohne geistige Behinderung immer so ist. Oft werden Entscheidungen getroffen um sich selbst einen Vorteil zu verschaffen, ohne dabei Rücksicht auf andere Personen zu nehmen.

Aber auch bei Entscheidungen, die nur die Person selbst betreffen, ist es nicht selbstverständlich, dass jemand sich nicht selbst Schaden zufügt. Beim Konsum von Zigaretten ist offenkundig, dass ein Gesundheitsschaden entsteht, trotzdem gibt es kein generelles Rauchverbot, um die Raucher vor sich selbst zu schützen. Menschen die scheinbar völlig ausgereifte Fähigkeiten besitzen verhalten sich häufig nicht danach. Sollte das nicht ein Grund sein, paternalistisch einzugreifen? Warum sind paternalistische Eingriffe aber nur bei Kindern und Menschen mit geistiger Behinderung legitim?

Eine Antwort darauf könnte folgende sein:

„Die Tatsache, dass Menschen mit einer geistigen Behinderung dennoch in ihrer Handlungsfreiheit eingeschränkt werden, wird durch die intellektuelle Überlegenheit gerechtfertigt."[74]

Wenn Paternalismus bei Kindern und Menschen mit geistiger Behinderung durch intellektuelle Unterlegenheit gerechtfertigt wird, dann könnten auch Normalbegabte von Hochbegabten zu deren Wohl in ihrer Handlungsfreiheit eingeschränkt werden. Das erscheint jedoch nicht notwendig, da normal begabte Menschen über ausreichend Fähigkeiten verfügen selbst zu entscheiden.

Eine Lösung könnte dann sein einen Wert festzulegen, eventuell durch den IQ, um festzulegen wer mindestens normal begabt ist und wer nicht. Alle Menschen die über dem Wert liegen, können und dürfen selbst bestimmen, weil sie kompetent sind, alle die darunter liegen, müssen mit paternalistischen Eingriffen rechnen.[75]

Diese Vorgehensweise scheint mir ansatzweise in der Form von Intelligenztests bei der Feststellung einer geistigen Behinderung umgesetzt worden zu sein. Anhand des IQ wurde lange Zeit festgelegt, ob jemand lernbehindert ist oder eine geistige Behinderung hat. Der Diagnose folgend wurden dann verschiedene Maßnahmen eingeleitet um die Person angemessen unterzubringen und zu versorgen. Im Zusammenhang mit der Diagnose wird aber immer auch über die Selbstbestimmung diskutiert. Ein Mensch mit der Diagnose „geistige Behinderung" muss damit rechnen fremdbestimmt zu werden, weil allein die Diagnose dazu führt, dass andere Menschen sich überlegen fühlen und denken, dass sie besser wissen, was gut für die Person mit geistiger Behinderung ist. Ob die Person aber vielleicht in der Lage ist in bestimmten Bereichen selbst zu entscheiden wird dann häufig vernachlässigt.

Inwieweit jemand als Teil der Gesellschaft akzeptiert ist und anerkannt wird, hängt auch mit den geforderten Fähigkeiten zusammen. Menschen, die über viele Fähigkeiten verfügen, haben einen hohen Status, sind finanziell gut gestellt und anerkannt. Menschen die über wenige Fähigkeiten verfügen, sind in den Bereichen nicht so gut gestellt.

Bildung und informelle Kompetenzen spielen eine wichtige Rolle bei der Teilhabe am gesellschaftlichen Leben. Es liegt also nahe, dass Menschen

---

[74] Wohlgensinger 2007, S.106

[75] Vgl. Wohlgensinger 2007, S. 106f.

mit geistiger Behinderung es schwer haben von der Gesellschaft akzeptiert zu werden. Ihnen fehlen gewisse Fähigkeiten und teilweise auch die Möglichkeit sie zu erlernen. Sie werden ausgegrenzt durch den Mangel an Leistungsfähigkeit, wie sie die Gesellschaft wünscht und erwartet.

> „Der ausweisliche Erwerb von gesellschaftlich geforderten Fähigkeiten bestimmt (…) die individuelle Chance zur gesellschaftlichen Partizipation. Bei einem Mehr winkt Statusgewinn, materieller Gewinn, sozialer Gewinn, während ein Weniger die Chancen schmälert. Das trifft zum einen für die Partizipation an gesellschaftlichen Ressourcen zu, bei denen ein Mehr an formalisierten Bildungsabschlüssen, aber auch an informellen Kompetenzen die sozialen Chancen erhöht, teilzuhaben. Im Gegenzug kann man sich vergegenwärtigen, dass Menschen, die bestimmte erwartete Kompetenzen nicht erworben haben, aus bestimmten Feldern gesellschaftlicher Teilhabe ausgeschlossen werden."[76]

Menschen mit geistiger Behinderung werden deshalb auch nicht als potentielle Eltern wahrgenommen. Es wird davon ausgegangen, dass ihnen alle notwendigen Fähigkeiten fehlen um ein Kind zu versorgen und zu erziehen. Deshalb wurde das Thema „Elternschaft von Menschen mit geistiger Behinderung" lange Zeit nicht behandelt.

Die Gesellschaft hat in der Frage der Kompetenz einer Person eine große Verantwortung. Es wäre zum Beispiel möglich, Verträge in einer einfachen Sprache zu schreiben, sodass auch Menschen mit einer leichten geistigen Behinderung sie verstehen und somit kompetent über den Inhalt und die Folgen des Vertrags entscheiden könnten.[77]

Es wäre sehr hilfreich die notwendigen Fähigkeiten, um etwas selbst regeln zu können, so niedrig wie möglich zu halten, um Menschen die Möglichkeit zu geben ohne die Hilfe von anderen eigenständig zu bestimmen. Das würde die Unabhängigkeit von Menschen mit geistiger Behinderung fördern.

Bei der Elternschaft von Menschen mit geistiger Behinderung wird davon ausgegangen, dass sie nicht kompetent sind, über eine Elternschaft zu entscheiden. Diese Annahme trifft sicherlich in den meisten

---

[76] Hungerland 2002, S. 283

[77] Vgl. Wohlgensinger 2007, S. 107

Fällen zu. Dennoch sollte die Inkompetenz nicht automatisch zu einer Untersagung und Verhinderung der Elternschaft führen. Wie im Zusammenhang mit dem Kinderwunsch unter 4.4 beschrieben, ist es möglich jemandem zu einer kompetenten Entscheidung zu verhelfen, indem man ihn informiert und aufklärt, welche Konsequenzen eine Entscheidung hat.

Das Paternalismusverbot kann meiner Meinung nach auch bedingt auf Menschen mit geistiger Behinderung ausgeweitet werden. Damit sie sich nicht selbst schaden, ist es notwendig Menschen mit geistiger Behinderung dahin zu begleiten, dass sie eine kompetente Entscheidung treffen können. In Fällen, bei denen das nicht möglich ist, erscheint mir weicher Paternalismus notwendig zu sein, um zu ihrem Glück beizutragen, wie John Stuart Mill es nennt.

Eine große Verantwortung liegt ohne Zweifel bei den Menschen, die dafür verantwortlich sind, Menschen mit geistiger Behinderung bei ihrer individuellen Lebensführung zu unterstützen. Sie müssen im Einzelfall entscheiden, wann Paternalismus unumgänglich ist und zum Glück der Person beiträgt.

6.1   Elterliche Kompetenzen

Von besonderer Bedeutung für das Thema sind *elterliche Kompetenzen*. Hierunter werden die Fähigkeiten einer Person zusammengefasst, die notwendig sind um ein Kind angemessen zu versorgen und zu erziehen. Die Frage ist also was Menschen eigentlich können müssen, welche Fähigkeiten sie mitbringen müssen, um gute Eltern zu sein. Ein Problem bei der Feststellung von elterlichen Kompetenzen ergibt sich daraus, dass sie häufig erst sichtbar werden, wenn das Kind bereits geboren ist. Wie zuvor erwähnt, ist es unmöglich im Vorhinein festzustellen, ob jemand in der Lage ist seine elterlichen Aufgaben wahrzunehmen.

Elterliche Kompetenzen wirken sich auf drei Ebenen aus:

1. Die körperliche Ebene: Versorgung und Pflege, Sicherheit und Schutz.

2. Die psychologische Ebene: Emotionale Zuwendung und intellektuelle Anregung.

3. Die soziale Ebene: Hilfe beim Hineinwachsen in die Gesellschaft.[78]

---

[78] Vgl. Patcher/Dumont-Mathieu 2004 in Pixa-Kettner 2004, S. 11

Es ist schwierig genau zu beschreiben, wie diese Aufgaben erfüllt werden müssen, da sie von dem direkten Umfeld, der Staatszugehörigkeit, Religion und moralischen Vorstellungen der Familie abhängig sind. Auch verschiedene Meinungen oder Lebensstile führen dazu, dass die Aufgaben unterschiedlich erfüllt werden.[79]

> „Es ist nicht möglich, auf der *konkreten* Ebene elterliche Kompetenzen allgemeingültig zu definieren, sondern sie können nur *relativ*, in Abhängigkeit von der jeweiligen soziokulturellen Umgebung präzisiert werden. Das bedeutet z.b., dass es nicht akzeptabel ist, bestimmte Vorstellungen (mittelschichtorientierter) Fachkräfte absolut zu setzen und zum Maßstab für Eltern einer anderen sozialen Schicht zu machen – aus der Eltern mit geistiger Behinderung zumeist stammen."[80]

Bei der Umsetzung der elterlichen Kompetenzen spielt sowohl das Umfeld der Familie als auch der persönliche Erziehungsstil der Eltern eine Rolle.

Aber nicht nur sie sind an der Erziehung des Kindes beteiligt, sondern das gesamte soziale Umfeld der Familie. Häufig ist es selbstverständlich, dass elterliche Aufgaben an andere Personen übertragen werden. So wird die Betreuung des Kindes häufig zeitweise von Großeltern, Kindertagesstätten oder Babysittern übernommen. Deshalb sollte es in keinem Fall gegen die Elternschaft von Menschen mit geistiger Behinderung sprechen, wenn sie zeitweise oder in bestimmten Bereichen ihre elterlichen Aufgaben an andere übertragen. Die Entwicklung des Kindes nimmt dadurch keinen Schaden, sondern kann gerade dadurch gefördert werden.

Die elterlichen Kompetenzen müssen sich mit dem Heranwachsen des Kindes weiter entwickeln. Im Säuglingsalter sind *intuitive elterliche Kompetenzen* gefragt. Sie führen dazu, dass die Eltern ihr Verhalten auf das des Säuglings und seine momentane Befindlichkeit abstimmen. Sie unterliegen nicht der bewussten Kontrolle und sind bei Eltern mit geisti-

---

[79] Vgl. Pixa-Kettner 2007, S. 6

[80] Ebd.

ger Behinderung ebenso vorhanden wie auch bei nicht behinderten Eltern.[81]

Im Kindergartenalter wird den Kindern zum ersten Mal bewusst, dass sich ihre Eltern von denen anderer Kinder unterscheiden. Es muss darauf eingegangen werden, dass das Kind zunehmend Unterschiede zwischen den eigenen und anderen Eltern wahrnimmt.

Im Schulalter kommt es zu einer Konfrontation mit Normen und Anforderungen, die Schwächen der Eltern werden dann immer deutlicher. Hilfe bei den Hausaufgaben muss dann häufig organisiert werden.

In der Pubertät kommt es bei der Identitätsfindung zu der Suche nach Gemeinsamkeiten mit den Eltern und der Tendenz sich abzugrenzen. Daraus kann eine Wut oder Enttäuschung entstehen, dass man gerade solche Eltern mit einer geistigen Behinderung hat. Es kann außerdem ein Schamgefühl gegenüber anderen Jugendlichen entstehen.

Beim Übergang ins Erwachsenenalter spitzen sich die Konflikte häufig zu, weil die „Kinder" immer häufiger mit den Schwächen der Eltern konfrontiert werden. Es kann passieren, dass sich das „Kind" von den Eltern zurückzieht und sogar das Elternhaus verlässt – oder aber sich so sehr für die Eltern einsetzt und sie unterstützt, dass eine Ablösung vom Elternhaus erheblich erschwert wird. Es kann dann zur so genannten *Parentifizierung* kommen, bei der eine Rollenumkehrung zwischen Eltern und Kind stattfindet. Das Kind kümmert sich dann zunehmend um die Angelegenheiten der Eltern und fühlt sich verpflichtet für sie zu sorgen.

Elterliche Kompetenzen bei Menschen mit geistiger Behinderung zu fördern und zu entwickeln ist wichtig um ein gelungenes Eltern-Kind-Verhältnis zu erreichen. Es kommt aber nicht nur auf die Fähigkeiten der Eltern an, wenn es darum geht das sich ein Kind altersgemäß entwickeln soll. Das gesamte soziale Umfeld spielt dabei eine wichtige Rolle.

> „Der Befund, dass Kinder von Eltern mit geistiger Behinderung „ganz normale" Kinder, Jugendliche und Erwachsene werden, deutet darauf hin, dass die „elterliche Kompetenz" des gesamten sozialen Umfeldes für die Entwicklung der

---

[81] Vgl. Szagun 2000, S. 203

Kinder wichtiger ist als die Kompetenzen einzelner Elternteile."[82]

Demnach ist ein geeignetes Unterstützungsangebot für die Eltern und das Kind eine der wichtigsten Voraussetzungen, um ein Zusammenleben zu ermöglichen bei dem das Kind sich gesund entwickeln kann.

---

[82] Pixa-Kettner 2004, S. 16

7   Die Notwendigkeit begleiteter Elternschaft

Individuelle Unterstützungsmöglichkeiten und Begleitangebote für Eltern mit geistiger Behinderung scheinen maßgeblich daran beteiligt zu sein, dass eine gelingende Elternschaft und gesunde Entwicklung des Kindes stattfinden kann. Unter 12.1 möchte ich auf die verschiedenen Betreuungsmöglichkeiten näher eingehen.

Es ist sehr selten, dass Menschen mit einer geistigen Behinderung keine Unterstützung bei der Versorgung und Erziehung ihres Kindes brauchen. In diesen Fällen kann dann vermutlich von einer leichten Lernbehinderung ausgegangen werden. Menschen mit einer geistigen Behinderung sind in den meisten Fällen mindestens auf eine ambulante Betreuung angewiesen. Häufig brauchen sie Hilfe bei den Finanzen, Ämtergängen und Vertragsabschlüssen.

Bei der Elternschaft kommen viele neue Aufgaben auf Menschen mit geistiger Behinderung zu. Da sie länger brauchen um neue Dinge zu erlernen und oft auch nicht wissen wie sie die nötigen Informationen bekommen können, ist eine Unterstützung eigentlich in allen Fällen notwendig. Findet sie nicht statt, ist eine Überforderung der Eltern sehr wahrscheinlich und das Kind wird sich nicht gut entwickeln, da es an Anregung und Kommunikation mangelt. Das Jugendamt muss in jedem Fall einer Elternschaft von Menschen mit geistiger Behinderung benachrichtigt werden, damit eine Kontrolle des Kindeswohls gewährleistet ist. Mitarbeiter des Jugendamtes prüfen bei regelmäßigen Besuchen, ob sich das Kind altersgemäß entwickelt, gut versorgt wird und wie die Bindung zwischen dem Kind und der Mutter ist. Wie zuvor erwähnt, sind elterliche Kompetenzen nicht nur bei der körperlichen Versorgung, sondern auch auf der psychologischen und sozialen Ebene notwendig. Das Jugendamt stimmt oft nur dann einem Verbleiben des Kindes bei der Mutter mit geistiger Behinderung zu, wenn die Mutter mit dem Kind in eine spezielle Einrichtung umzieht. Es ist eigentlich unmöglich, dass Wohnheime für Menschen mit geistiger Behinderung eine angemessene Begleitung organisieren können. Petra Thöne berichtete mir, dass die Aufgabe der begleiteten Elternschaft hauptsächlich darin liegt das Kindeswohl sicherzustellen.

In welcher Form und Intensität eine Begleitung stattfinden muss, kann nur individuell festgelegt werden. Die Gefahr ist dabei immer gegeben, dass entweder zuwenig oder zuviel Hilfe stattfindet. Bekommen die Eltern zuwenig Hilfe, sind eine Überforderung der Eltern, eine schlechte Entwicklung des Kindes und häufig eine Trennung die Folgen. Bei zuviel Unterstützung kann es passieren, dass die Eltern keine Verantwortung mehr für ihr Kind tragen, ihnen alle elterlichen Aufgaben abgenommen werden und sie keinerlei Privatsphäre mehr haben. Dann geraten Eltern und Kind in eine Betreuungssituation, in der ihnen keine Selbstbestimmung mehr zugestanden wird.

8 Besondere Schwierigkeiten bei ungeplanten Schwangerschaften

Bei einer ungeplanten Schwangerschaft kommen erheblich mehr Schwierigkeiten auf die Eltern und die Betreuer zu als bei einer wohl überlegten und geplanten Schwangerschaft. Bei Menschen mit geistiger Behinderung kann es passieren, dass sie bis zur Geburt des Kindes nichts von der Schwangerschaft bemerkt haben. Die *Begleitete Elternschaft* in Bielefeld berichtete mir von drei Fällen, bei denen die Frauen ins Krankenhaus kamen weil sie starke Bauchschmerzen hatten. Erst dort wurde festgestellt, dass sie schwanger waren und kurz vor der Geburt standen. Fehlende Kenntnisse darüber, wie sich eine Schwangerschaft bemerkbar macht und welche körperlichen Veränderungen stattfinden, tragen zu dieser Unwissenheit bei. Häufig wissen die Frauen nach der Feststellung ihrer Schwangerschaft nicht, wie das Umfeld darauf reagieren wird. Deshalb hält die Frau die Schwangerschaft so lange wie möglich geheim. Die Angst zu einer Abtreibung überredet zu werden scheint dabei eine große Rolle zu spielen.

Das Vertrauen der Menschen mit geistiger Behinderung in ihr soziales Umfeld ist in den meisten Fällen nicht besonders groß, wenn es um eine Schwangerschaft geht. Sie wissen genau, dass eine Elternschaft sehr kritisch gesehen wird und dass vermutlich niemand erfreut sein wird, davon zu erfahren.

Dabei ist es sehr wichtig, so früh wie möglich über die Zeit der Schwangerschaft und die Zeit nach der Geburt zu sprechen und alles Notwendige zu planen, damit das Kind bei den Eltern bleiben kann.

Nach Joachim Walter wird eine Schwangerschaft häufig zuerst von den Mitarbeitern einer WfbM vermutet. Da das aber erst bei deutlichen, körperlichen Veränderung und einer fortgeschrittenen Schwangerschaft passiert, können auch dann erst die Vorsorgeuntersuchungen wahrgenommen werden.[83]

Bei einer ungewollten Schwangerschaft muss geklärt werden, ob die Mutter das Kind überhaupt bekommen und behalten möchte. Eine Abtreibung ist natürlich nur dann möglich, wenn die Schwangerschaft rechtzeitig festgestellt wird und die Mutter sich dafür entscheidet. Auf die ethische Frage, ob eine Abtreibung generell vertretbar ist, möchte ich

---

[83] Vgl. Walter 2005, S. 301

69

hier nicht eingehen. Solange sie rechtlich straffrei ist, haben Menschen mit und ohne geistige Behinderung die Möglichkeit einen Schwangerschaftsabbruch vornehmen zu lassen.

Möchte die Frau das Kind auf die Welt bringen, muss sie sich entscheiden, ob sie es behalten möchte oder dahin tendiert es zur Adoption frei zu geben. Lange Zeit war es selbstverständlich die Kinder von Menschen mit geistiger Behinderung zur Adoption frei zu geben. Ob die Eltern damit einverstanden waren, spielte keine Rolle. In dem mir bekannten Fall der Frau, die durch Missbrauch schwanger wurde, scheint es ähnlich gewesen zu sein.

Gerade im Zusammenhang mit der Selbstbestimmung von Menschen mit geistiger Behinderung sollte eine Trennung nur dann stattfinden, wenn die Eltern das Kind nicht behalten möchten oder eine erhebliche Gefahr für das Kindeswohl besteht. Leider ist es auch heute noch so, dass einige Eltern dazu gedrängt werden das Kind wegzugeben, weil Betreuer und Angehörige eine gelingende, begleitete Elternschaft für unmöglich halten oder Angst haben sich selbst in irgendeiner Form daran beteiligen zu müssen. Eine Trennungsbegleitung finden in solchen Fällen selten statt, sodass die Eltern ihr Leben lang mit der Trennung zu kämpfen haben, weil sie nie richtig verarbeitet wurde.[84] In diesem Zusammenhang kommt es häufig vor, dass eine Frau mit einer geistigen Behinderung erneut schwanger wird um das ihr fehlende Kind zu ersetzen. Nach einer Trennung sollte nach Petra Thöne besonders auch deshalb daran gearbeitet werden, dass die Eltern nachvollziehen können, warum eine Trennung notwendig war. Eine Begleitung der Mutter bei der Verarbeitung der Trennung ist unumgänglich, wird aber leider häufig vernachlässigt. Nicht immer ist es sinnvoll, den Kontakt zwischen den Eltern und dem Kind völlig zu beenden. Es kann möglich und wichtig sein regelmäßigen Kontakt zwischen den Eltern und dem Kind zu ermöglichen.

Wenn die Frau sich dafür entscheidet das Kind zu behalten, muss man Überlegungen anstellen, ob und wie ein Zusammenleben gestaltet werden kann.

---

[84] Vgl. Pixa-Kettner; Bargfrede; Blanken 1996, S. 64ff.

9 Die Schwangerschaftsbegleitung

Die Begleitung und Betreuung währen der Schwangerschaft sollte so früh wie möglich beginnen. Die werdenden Eltern brauchen Zeit um sich auf die neue Situation einzustellen. Es muss überlegt werden wie die Situation nach der Geburt des Kindes aussehen kann, wo und wie die Familie leben wird und welche Unterstützung sie braucht. Schnell sollte geklärt werden, ob die notwendig Unterstützung in der Wohngegend geleistet werden kann oder ob ein Umzug notwendig ist. Wenn dies der Fall ist, muss eine geeignete Wohneinrichtung gefunden werden. Da das Aufnahmeverfahren eine Weile dauert, wenn eine Einrichtung einen Platz frei hat, sollte so früh wie möglich Kontakt aufgenommen werden. Gibt es keinen freien Platz, muss zusätzlich eine Wartezeit oder eine Alternative eingeplant werden.

Da ein Umzug und der Wechsel der Bezugspersonen in den meisten Fällen notwendig sind, sollte allen Beteiligten bewusst sein, dass es neben der Geburt des Kindes viele Veränderungen geben wird. Der Wohnort verändert sich und es muss eine Orientierung in der neuen Umgebung stattfinden. Die neue Wohnung muss eingerichtet und kindgerecht gestaltet werden. Die werdende Mutter bzw. die werdenden Eltern müssen sich an die neuen Betreuer und gegebenenfalls an weitere neue Bewohner gewöhnen. Die erheblichen Veränderungen alle auf einmal zu bewältigen erscheint mir sehr schwierig zu sein, deshalb sollten die werdenden Eltern langsam darauf vorbereitet werden.

Die Vorbereitung auf die Pflege und Erziehung des Kindes sollte ebenfalls so früh wie möglich beginnen, damit die Eltern nach der Geburt wichtige Kenntnisse und Praktiken kennen wie mit dem Kind umgegangen werden muss. Kurse und Bücher zu dem Themen werden in vielen Fällen zu kompliziert für Menschen mit einer geistigen Behinderung sein. Mir ist nicht bekannt, dass es spezielle Literatur für Menschen mit geistiger Behinderung zum Thema „Elternschaft" gibt. Ein solches Buch zu schreiben wäre aber sicherlich sehr sinnvoll und ich hoffe, dass sich möglichst bald jemand dafür begeistern lässt. Da ich selbst noch nicht Mutter bin, fehlen mir die eigenen Erfahrungen um Menschen mit geistiger Behinderung in dem Bereich gut zu informieren, zu beraten und ein Buch darüber zu schreiben. Vielleicht lässt sich die Idee jedoch in einigen Jahren von mir selbst in die Tat umsetzen.

Die Mutter sollte während der Schwangerschaft über Körperpflege und gesunde Ernährung sowie Risikofaktoren für die Schwangerschaft informiert werden. Dadurch kann eine Gefährdung des Kindes und eine eventuelle Behinderung durch Alkohol, Zigarettenkonsum oder Mangel an wichtigen Nährstoffen vorgebeugt werden. Möglicherweise reicht eine Information dabei nicht aus und es muss eine regelmäßige Erinnerung und Kontrolle stattfinden. Die Vorsorgeuntersuchungen, der Besuch eines Säuglingspflegekurses und die Besichtigung der Entbindungsklinik sollten durch Betreuer oder Angehörige begleitet werden. Es kann nicht davon ausgegangen werden, dass Menschen mit geistiger Behinderung immer selbst die Notwendigkeit dieser Termine erkennen.

10 Rechtliche Aspekte der Elternschaft von Menschen mit geistiger Behinderung

In diesem Abschnitt möchte ich kurz auf die rechtlichen Aspekte einer Elternschaft von Menschen mit geistiger Behinderung eingehen. Er soll einen kurzen Überblick geben, kann jedoch nicht jeden wichtigen Punkt erschöpfend behandeln, weil das allein eine weitere Arbeit füllen könnte.

Das Gesetz erfüllt im Falle einer Elternschaft zwei wichtige Funktionen. Auf der einen Seite schützt es die Familie[85] und stärkt somit die Rechte der Eltern; auf der anderen Seite schützt es das Kind[86], wenn nötig auch vor den eigenen Eltern. Der Schutz des Kindes steht in jedem Fall vor dem Recht der Eltern selbst für ihr Kind zu sorgen.

Menschen mit einer geistigen Behinderung können das Sorgerecht für ihr Kind ausüben, auch wenn sie unter rechtlicher Betreuung stehen. Eingriffe in das Sorgerecht der Eltern sind nur bei einer Kindeswohlgefährdung zulässig.[87] Die rechtliche Betreuung der Eltern sollte erst einmal keinen Einfluss auf das Sorgerecht haben. In der Praxis hängt es scheinbar oft davon ab, wie der zuständige Richter beim Familiengericht über die Sache entscheidet. Da es keine spezielle gesetzliche Regelung für diesen Fall gibt, liegt die Entscheidung bei ihm, ob die Eltern das Sorgerecht behalten oder ob das Kind einen Vormund bekommt. Bei einer rechtlichen Betreuung soll Menschen mit geistiger Behinderung eine Hilfe gegeben werden für Angelegenheiten, die sie selbst nicht alleine regeln können. Die elterliche Sorge hingegen kann einem Betreuer nicht als Aufgabe übertragen werden. Eine rechtliche Betreuung ist somit nicht mit einer Entmündigung zu vergleichen, bei der die betroffene Person keinerlei Rechte mehr hat und rechtlich wie ein Kind gestellt ist.

Ein Eingriff in die elterliche Sorge ist ausschließlich bei einer akuten Kindeswohlgefährdung zulässig. Weder eine geistige Behinderung noch eine rechtliche Betreuung rechtfertigen einen Sorgerechtseingriff.

„1988 hat das Berliner Landgericht ein aufsehen erregendes Urteil gefällt und dabei die Entscheidung des Jugendamts

---

[85] Vgl. Artikel 3 und 6 GG

[86] Vgl. §§ 1628,1666,1667 BGB, § 1 SGB VIII

[87] Vgl. Pixa-Kettner 2008, S. 106

rückgängig gemacht. Das Jugendamt hatte schon vor der Geburt das Sorgerecht entziehen wollen. Die Richter haben anders begründet: ‚Die bloße Erwägung, dass minderbegabte Eltern ihren Kindern nicht dieselben Entwicklungsmöglichkeiten bieten können wie normal begabte Eltern, lässt eine Ausnahme von diesem, den Naturgegebenheiten Rechnung tragenden Grundsatz nicht zu.' Geistig behinderte Mütter und Väter dürften nicht von vornherein vom Zusammenleben mit ihren Kindern ausgeschlossen werden, sonst ‚wäre auch die Würde des Menschen angetastet'."[88]

Die Trennung des Kindes von den Eltern ist die letzte Möglichkeit, wenn alle anderen Hilfsangebote des Jugendamtes nicht angenommen wurden oder nicht zum gewünschten Ergebnis geführt haben, um das Kind zu schützen. Alle Hilfen oder Eingriffe müssen immer nach dem Grundsatz der Verhältnismäßigkeit geschehen und als Ziel nach dem Kindeswohl den Erhalt der Familie fokussieren. Eine Trennung kann auch dann erfolgen, wenn das Versagen der Eltern nicht schuldhaft war. Auch wenn die Eltern der Erziehungsaufgabe einfach nicht gewachsen sind oder ihr Kind nicht vor negativen Einflüssen schützen können, kann eine Trennung notwendig werden.[89]

Im Zusammenhang mit dem Sorgerecht ist die Frage nach der Geschäftsfähigkeit eines Menschen mit geistiger Behinderung notwendig.

Ist die Geschäftsunfähigkeit festgestellt, ruht die elterliche Sorge und verhindert deren Ausübung.[90] In diesem Fall verbleibt das Sorgerecht beim anderen Elternteil, wenn vorher ein gemeinsames Sorgerecht ausgeübt wurde. Ist das nicht der Fall, bekommt das Kind einen Vormund.[91] Bei einer Vormundschaft hat das Kind ein Umgangrecht[92] mit den Eltern, damit deren Beziehung nicht völlig abbricht. Das Umgangsrecht wird vom Familiengericht festgelegt und orientiert sich dabei am Wohl des Kindes.

---

[88] Walter 2000, 5. Das Recht auf eigene Kinder

[89] Vgl. Bundesvereinigung Lebenshilfe für Menschen mit geistiger Behinderung e.V. (Hrsg.) 2006, S. 13

[90] Vgl. §§ 1673, 1675 BGB

[91] Vgl. § 1791c BGB

[92] Vgl. § 1684 BGB

Gibt es bereits vor der Geburt Anzeichen dafür, dass die Eltern das Sorgerecht nicht ausüben können und das Kind somit keinen Sorgeberechtigten hat, wird das Jugendamt gesetzlicher Vertreter.[93] Dies kann bei der Geschäftsunfähigkeit der Eltern oder dem Ruhen der elterlichen Sorge geschehen.

Die Adoption eines Kindes von Menschen mit geistiger Behinderung wurde in der Vergangenheit häufig als einzige Möglichkeit gesehen, damit das Kind in normalen Verhältnissen aufwachsen und sich gut entwickeln konnte. Dabei wurde das Kind häufig ohne die Einwilligung der Eltern zur Adoption frei gegeben. Heute ist das nicht mehr ohne Weiteres möglich.

Bei der Adoption eines Kindes kann die Einwilligung eines Elternteils nur ersetzt werden, wenn er aufgrund einer schweren geistigen oder seelischen Behinderung zur Pflege und Erziehung des Kindes dauerhaft nicht in der Lage ist und das Unterbleiben einer Adoption das Aufwachsen des Kindes in einer Familie verhindern würde.[94]

---

[93] Vgl. § 1791c BGB

[94] Vgl. § 1748 BGB

11   Die Lebenssituation der Kinder

Lange Zeit wurde die Gefahr einer geistigen Behinderung für das Kind als wichtigstes Argument gegen die Elternschaft von Menschen mit geistiger Behinderung angeführt. Das Risiko einer geistigen Behinderung für das Kind scheint jedoch nicht wesentlich größer als bei Kindern gesunder Eltern zu sein. Sie verfügen über durchschnittliche intellektuelle Fähigkeiten.[95] Lange Zeit wurde davon ausgegangen, dass die geistige Behinderung der Eltern die Entwicklung des Kindes gefährden würde. Mittlerweile werden auch weitere Faktoren mit einbezogen, die aufgrund der geistigen Behinderung der Eltern die Lebenssituation des Kindes betreffen.

Die Risikoforschung beschäftigt sich damit Faktoren zu benennen, die die gesunde Entwicklung von Kindern gefährden. Risikofaktoren werden nach internalen, externalen und individuellen Risiken unterschieden.[96] Zu den individuellen Risiken werden biologische und psychologische Eigenschaften wie genetische Belastungen, Charaktereigenschaften oder Komplikationen bei der Geburt gezählt. Externale Risiken sind zum Beispiel Armut, psychische Erkrankungen oder Suchterkrankungen der Eltern oder die Instabilität der Familie. Risikofaktoren werden nicht mehr als direkte Ursache von Entwicklungsstörungen gesehen, sondern als Belastung, die sich auf die Entwicklung des Kindes auswirken kann.[97]

Die Risikofaktoren werden in altersunabhängige und in altersabhängige Risiken unterschieden.

Als altersunabhängige Risiken nennt Dietke Sanders:

- Eigene Behinderung

- Trennung von den Eltern

- Vernachlässigung

- Sexueller Missbrauch/Gewalterfahrungen

- Parentifizierung

- Diskriminierung/Tabuisierung

- Belastung durch das professionelle Hilfesystem

---

[95] Vgl. Gellenbeck 2002, S. 80ff.

[96] Vgl. Staudenmaier 2004, S. 63

[97] Vgl. ebd.

Die altersabhängigen Risiken werden für folgende Lebensabschnitte der Kinder genannt:

- Säuglings- und Kleinkindalter
- Schulzeit
- Pubertät
- Erwachsenenalter

Unter 6.1 bin ich schon einmal im Zusammenhang mit den elterlichen Kompetenzen auf die verschiedenen Lebensabschnitte der Kinder eingegangen. Ich möchte noch einmal kurz besondere Risiken in diesen Phasen nennen.

Im Säuglings- und Kleinkindalter kann es Probleme beim Beziehungsaufbau zwischen Mutter und Kind geben. Vor allem bei der Ernährung, Pflege, Erkennen der Bedürfnisse und der Einschätzung von Gefahren brauchen die Eltern mit geistiger Behinderung oft Unterstützung.

Während der Schulzeit fehlt den Kindern die Unterstützung der Eltern bei den Hausaufgaben, sie realisieren die Behinderung der Eltern und können dadurch eine Stigmatisierung erfahren.

Während der Pubertät findet eine Auseinandersetzung mit der familiären Herkunft und die Identitätsfindung statt, beides kann durch die geistige Behinderung der Eltern erschwert sein.

Auch im Erwachsenenalter kann eine Diskriminierung durch die Abstammung von Eltern mit geistiger Behinderung stattfinden. Der Kontakt zu den Eltern kann sich schwierig gestalten und es kann zu einer Parentifizierung kommen.

Die Lebenssituation der Kinder von Eltern mit geistiger Behinderung hängt von vielen Faktoren ab. Die familiären Rahmenbedingungen spielen dabei eine wichtige Rolle. Solche Familien leben häufig im so genannten Multiproblemmilieu. Die Eltern hatten oft eine schwierige Kindheit, sind allein erziehend, haben finanzielle oder Alkoholprobleme.

Armut ist bei Menschen mit geistiger Behinderung ein generelles Problem, weil sie in den meisten Fällen von staatlicher Unterstützung leben müssen. Die Arbeit in einer WfbM kann ihr Auskommen nicht einmal annähernd decken. Zusätzlich kommen mit der finanziellen Not auch eine soziale Isolierung und die Ablehnung der Gesellschaft hinzu. Durch fehlende Mittel kann es dazu kommen, dass Kinder nicht ausreichend medizinisch versorgt werden, ungesund ernährt werden, schlecht gekleidet sind und in schlechten Wohnverhältnissen leben müssen. Probleme bei der Versorgung des Kindes entstehen demnach nicht nur durch die geistige Behinderung der Eltern, sondern auch durch fehlende Mittel. Diese Kombination kann gerade bei der medizinischen Versorgung zu großen Problemen führen.

Das Umfeld der Familie ist von besonderer Bedeutung für die Entwicklung und Versorgung des Kindes. Das Familienleben in einer betreuten Wohneinrichtung wird sich erheblich vom Leben in der eigenen Wohnung unterscheiden. Die Eltern bekommen in allen wichtigen Bereichen Unterstützung und werden in vielerlei Hinsicht kontrolliert. Das Wohl des Kindes steht dabei immer im Mittelpunkt. So ist eine Intervention sofort möglich, wenn das Kind nicht gut versorgt wird. Aber nicht nur die Unterstützung in einer Wohneinrichtung, sondern auch gute Kontakte zur Familie und im Freundeskreis können die Lebenssituation eines Kindes von Eltern mit geistiger Behinderung erheblich verbessern. So können zum Beispiel die Großeltern bei der Versorgung des Kindes helfen.

Das auch der Wohnort eine Rolle spielen kann, wird deutlich, wenn man darüber nachdenkt, dass in einem Dorf vermutlich jeder über die Familie, bei der die Eltern eine geistige Behinderung haben, Bescheid wissen wird, was in einer Großstadt nicht möglich ist. Es kann dann auch zu einer Diskriminierung der Kinder kommen oder dazu, dass sie von anderen Kindern gemieden werden.

Die Elternschaft von Menschen mit geistiger Behinderung findet sich in der Praxis hauptsächlich bei Frauen. Die meisten Kinder werden nicht in eine Paarbeziehung hinein geboren, sodass die Mütter in den meisten Fällen allein erziehend sind. Die Väter der Kinder haben in vielen Fällen eine weniger starke oder keine geistige Behinderung. Es kann ein weiteres Risiko für das Kind darstellen, dass die Mutter allein erziehend ist. Es fehlt eine weitere Bezugsperson für das Kind und die Überforderung der Mutter durch die alleinige Verantwortung ist noch wahrscheinlicher.

Leben die Kinder nicht bei den Eltern sondern in einer Pflegefamilie oder einem Heim, wird ihre Lebenssituation dadurch bestimmt. Sie müssen sich dort einleben und sich an neue Bezugspersonen gewöhnen. Leider wechseln die Bezugspersonen in vielen Fällen häufig, sodass die Entwicklung der Kinder dadurch beeinflusst wird. Auch dabei spielt es eine Rolle, ob der Kontakt zu den leiblichen Eltern bestehen bleiben kann. Die Einstellung der Pflegefamilie oder des Fachpersonals im Heim können die Beziehung des Kindes zu den Eltern maßgeblich beeinflussen. Die

Fremdplatzierung kann sich insgesamt sowohl positiv als auch negativ auf die Entwicklung des Kindes auswirken.

Hat das Kind, bevor es anderweitig untergebracht wurde, Vernachlässigung oder Missbrauch erfahren, wird es zusätzlich zum neuen Lebensumfeld auch damit zu tun haben, die Erlebnisse zu verarbeiten. Bei einer Vernachlässigung haben die Eltern ihre elterlichen Pflichten nicht ausreichend erfüllt oder sind ihrem Schutzauftrag gegenüber ungünstigen oder gefährlichen Einflüssen nicht genügend nachgekommen. Dabei wird davon ausgegangen, dass Menschen mit geistiger Behinderung die Bedürfnisse des Kindes nicht erkennen und deshalb nicht handeln. Das sie ihr Kind absichtlich oder aus mangelnder Liebe nicht ausreichend versorgen, scheint eher selten der Fall zu sein.

Missbrauch kann in verschiedener Weise stattfinden. Die Eltern können durch ihr Verhalten das Selbstwertgefühl des Kindes schädigen. Das Versagen von Liebe und Aufmerksamkeit kann ebenfalls als Missbrauch bezeichnet werden. Die bekannteste Form ist die Misshandlung, die zu körperlichen Verletzungen des Kindes führt. Hierbei kann das Verhalten der Eltern sowohl auf ihre Unwissenheit, als auch auf mangelnde Geduld und Selbstbeherrschung zurückgeführt werden. Sexueller Missbrauch scheint bei Eltern mit geistiger Behinderung nicht häufiger vor zu kommen als bei anderen Eltern.

Das Verhalten der Eltern gegenüber dem Kind ist untrennbar mit elterlichen Kompetenzen verbunden und wirkt sich auf die Entwicklung und das Wohlbefinden des Kindes aus.[98]

Nicht zuletzt reagiert jedes Kind unterschiedlich auf die Lebenssituation, hat eigene Stärken und Schwächen und wird das Erlebte unterschiedlich beurteilen und verarbeiten.

In der Resilienzforschung wird untersucht warum sich manche Menschen unter schlechten Lebensbedingungen zu vergleichsweise unbeeinträchtigten, psychisch gesunden Menschen entwickeln. Dabei werden drei Faktoren unterschieden:

- Faktoren, die im Kind selbst liegen.

- Faktoren, die in der Familie, dem unmittelbaren sozialen Umfeld liegen.

- Faktoren, die im weiteren sozialen Umfeld liegen.[99]

---

[98] Vgl. Prangenberg 2003, S. 58

[99] Vgl. Staudenmaier 2004, S. 65

Durch Unterstützung und Förderung der Kinder kann auf die Faktoren des sozialen Umfelds Einfluss genommen und somit dazu beigetragen werden, dass sich die Kinder trotz der Lebensumstände zu gesunden Menschen entwickeln.

Dabei spielen das Maß an Unterstützung, Förderung und Hilfe, welches das Kind bekommt eine wichtige Rolle. Sie sollten in ihren Fähigkeiten gestärkt werden um eine Entwicklungsbeeinträchtigung zu vermeiden. Nach Ursula Pixa-Kettner scheint besonders eine zusätzliche, verlässliche Ansprechperson für das Kind von wichtiger Bedeutung zu sein.[100]

Zusammenfassend kann festgehalten werden, dass von der geistigen Behinderung der Eltern Risikofaktoren für das Kind ausgehen. Besonders wichtig ist aber eine stabile und harmonische Beziehung zwischen den Eltern und dem Kind. Viele andere Dinge wie Pflege und Förderung können durch Unterstützung und Anleitung erfolgen.[101] Risikofaktoren gehen nicht nur von der Behinderung der Eltern aus, sondern auch vom Umfeld der Familie. Durch die notwendige Unterstützung und Kontrolle des Kindeswohls durch Dritte kann ein Großteil an Gefahren abgewendet werden, die das Kind schädigen könnten. Bei der Elternschaft von Menschen mit geistiger Behinderung sollte deshalb auf ein unterstützendes und förderndes Umfeld geachtet werden, welches in den meisten Fällen am ehesten in einer speziellen Wohnform der *Begleiteten Elternschaft* erreicht werden kann.

11.1 Ist es zumutbar, das Kind von Eltern mit geistiger Behinderung zu sein?

Ist es zumutbar, das Kind von Eltern mit einer geistigen Behinderung zu sein? Diese Frage stellt sich immer wieder, wenn es darum geht, ob die Interessen der Eltern oder des Kindes bei der Elternschaft von Menschen mit geistiger Behinderung höher bewertet werden.

Zu Beginn der Diskussion über die Elternschaft von Menschen mit geistiger Behinderung wurde von einem Recht des noch nicht gezeugten Kindes auf mindestens einen gesunden Elternteil gesprochen. Daraus wurde abgeleitet, dass Menschen mit geistiger Behinderung wenn überhaupt nur ein Kind bekommen dürfen, wenn der Partner gesund ist:

---

[100] Vgl. Pixa-Kettner 2001, S. 297

[101] Vgl. Gellenbeck 2002, S. 82

„Jedes Kind hat jedoch ein Recht auf gesunde Eltern oder auf
mindestens einen nicht behinderten Elternteil sowie auf eine
angemessene Erziehung. Zwei behinderte Menschen sollten
daher miteinander keine Kinder haben."[102]

Lange Zeit wurde als Argument gegen die Elternschaft von Menschen
mit geistiger Behinderung genannt, dass sie Unterstützung bei der Versorgung und Erziehung ihrer Kinder brauchen. Die dadurch entstehen-
den Kosten müssen zudem von der Gesellschaft getragen werde.

Im vorherigen Punkt bin ich auf das Problem schon eingegangen. Viele
Menschen in unserer Gesellschaft brauchen Unterstützung bei der Versorgung und Erziehung ihrer Kinder. Durch den Wandel in der Gesellschaft und das immer häufiger fehlende intakte Familienleben erwerben
viele Kinder und Jugendliche während ihrer Entwicklung psychische
Auffälligkeiten. Um diese auszugleichen, ist professionelle Hilfe erforderlich. Dabei entstehende Kosten werden vom Staat getragen.

Elternschaften von Menschen mit geistiger Behinderung kommen immer
noch selten vor. Die Kosten, die durch die Unterstützung anfallen, sind
demnach sehr gering im Vergleich zu den Kosten, die Jugendämter für
Erziehungshilfe im Allgemeinen haben. Da auch Eltern ohne geistige
Behinderung Probleme bei der Erziehung der Kinder haben, scheint das
Argument für mich nicht sehr überzeugend zu sein, um die Elternschaft
von Menschen mit geistiger Behinderung generell abzulehnen.

Ein weiteres Argument gegen die Elternschaft von Menschen mit geistiger Behinderung ist, dass das Kind möglicherweise nicht bei den Eltern
bleiben kann und in eine Pflegefamilie oder einem Heim untergebracht
werden muss. In meinem Gespräch mit Petra Thöne, der Leiterin der
Begleiteten Elternschaft in Bielefeld, berichtete sie mir, dass im Vorhinein
nicht beurteilt werden kann, ob eine Frau mit geistiger Behinderung in
der Lage sein wird sich um ihr Kind zu kümmern. Sie erzählte von
Fällen bei denen die Frau vor der Geburt des Kindes nicht in der Lage zu
sein schien, sich später um ihr Kind zu kümmern und es mit Unterstützung dann doch gut geschafft hat. Andererseits kennt sie auch Fälle bei
denen die Voraussetzungen für ein Zusammenleben von Mutter und
Kind sehr gut aussahen, die Frau nach der Geburt aber nicht in der Lage
war ihr Kind zu versorgen. Eine Beurteilung im Vorfeld ist also nicht
möglich.

---

[102] Vgl. Bundesvereinigung Lebenshilfe für geistig Behinderte e.V. (Hrsg.) 1976, S. 15

Aber auch bei Menschen ohne geistige Behinderung kann nie genau beurteilt werden, ob sie gute Eltern oder mit der neuen Situation völlig überfordert sein werden. Die Möglichkeit einer Trennung des Kindes von den Eltern kann sowohl bei Menschen mit als auch ohne geistige Behinderung nie ganz ausgeschlossen werden.

Ein Argument der Eltern von Menschen mit geistiger Behinderung ist auch, dass sie bei einer Elternschaft für das Enkelkind sorgen müssen, wenn die jungen Eltern es nicht alleine schaffen. Zusätzlich zu der Betreuung des erwachsenen „Kindes" mit geistiger Behinderung kommt dann noch die Versorgung des Enkelkindes hinzu. Leben die Eltern mit geistiger Behinderung noch in der Herkunftsfamilie, werden die Großeltern des Kindes vermutlich automatisch in die Versorgung und Erziehung mit einbezogen sein.

Es liegt aber auch an den Großeltern selbst, ob sie die Aufgaben wahrnehmen wollen oder nicht. Schon vor der Geburt besteht die Möglichkeit, eine geeignete Wohneinrichtung für die Eltern und das Kind zu suchen, damit eine professionelle Betreuung der Familie gewährleistet werden kann. Die Möglichkeit scheint mir sowohl für die Großeltern als auch für die Eltern und das Kind von Vorteil zu sein. Die Großeltern müssen sich nicht allein um das Enkelkind kümmern und wissen, dass es gut versorgt ist. Die jungen Eltern bekommen eine gute Unterstützung, die Betreuer versuchen jedoch so viel Verantwortung wie möglich bei den Eltern zu belassen. So wird das Verhältnis der Eltern zu den Großeltern nicht durch Kontrolle und Einmischung problematisiert.

Ein Vorteil für das Kind ist, dass sich die Rollenverteilung von Eltern und Großeltern nicht vermischt und eine klare Unterscheidung getroffen werden kann. Außerdem ist durch eine professionelle Betreuung sichergestellt, dass das Kind richtig gefördert wird und keine Behinderung erwirbt, weil die Mitarbeiter viel Erfahrung im Bereich der Kindesentwicklung haben. Eine professionelle Begleitung der Elternschaft scheint häufig die beste Lösung zu sein, um Eltern und Kind gerecht zu werden.

Die Gefahr der Vererbung der geistigen Behinderung an das Kind wurde lange Zeit als sehr hoch eingeschätzt. Mittlerweile wird dieses Argument kaum noch verwendet, weil festgestellt wurde, dass Kinder von Menschen mit geistiger Behinderung in der Regel über durchschnittliche intellektuelle Fähigkeiten verfügen. Erbliche geistige Behinderungen kommen bei ihnen vermutlich nicht wesentlich häufiger vor als in der übrigen Bevölkerung.[103] Bei Menschen mit Down-Syndrom liegt die

---

[103] Vgl. Pixa-Kettner; Bargfrede; Blanken 1996, S. 4

Wahrscheinlichkeit der Vererbung jedoch bei 50 %.[104] Die Tatsache, dass bekanntermaßen der weitaus größte Teil geistiger Behinderungen nicht auf rein genetische Faktoren zurückgeführt werden kann, spricht ebenfalls gegen das Argument der Vererbung.[105] Angeborene geistige Behinderungen können jedoch durch Krankheiten, Unfälle oder falsches Verhalten der Mutter während der Schwangerschaft entstehen.

Die eventuell auftretenden Entwicklungsprobleme eines Kindes von Eltern mit geistiger Behinderung sind ein weiteres Argument, das gegen eine Elternschaft vorgebracht wird. Leichte Behinderungen des Kindes können aus Umgebungsfaktoren resultieren. Das bedeutet, dass Kinder von geistig behinderten Eltern durch ungünstige Bedingungen, in denen sie aufwachsen, eine Behinderung entwickeln können.

Eine frühzeitige Förderung der Kinder kann umfeldbedingten Entwicklungsstörungen oder Sprachauffälligkeiten jedoch rechtzeitig vorbeugen. Deshalb wird in Einrichtungen für Eltern mit geistiger Behinderung und ihre Kinder sehr darauf geachtet, dass die Kinder sich normal entwickeln. Schon bei geringen Anzeichen für eine Entwicklungsstörung kann dann entgegen gewirkt werden, sodass es gar nicht erst zu einer Behinderung kommt.

Einen höchst diskutablen Standpunkt vertreten Personen, die davon ausgehen, dass es besser wäre nicht zu existieren, anstatt das Kind von Menschen mit geistiger Behinderung zu sein.

Sie beurteilen die Risiken, denen das Kind ausgesetzt ist, da seine Eltern geistig behindert sind, als so schwerwiegend, dass ein Leben unter diesen Bedingungen nicht lebenswert sein kann.

Es kann nicht abgestritten werden, dass es Schwierigkeiten und Risiken für ein Kind von Menschen mit geistiger Behinderung gibt. Ob sie jedoch erheblich schwerer sind als die von anderen Kindern in der Gesellschaft, möchte ich bezweifeln. Aber selbst wenn dem so wäre, scheint es mir zweifelhaft, ob ein Leben, das gewisse Risiken beinhaltet, schlimmer ist als gar nicht zu existieren.

Auch Kinder gesunder Eltern sind wie alle Menschen gewissen Risiken ausgesetzt. Es kann nie sicher verhindert werden, dass einem Kind etwas passiert, das seine Entwicklung negativ beeinflussen kann. Selbst wenn die Eltern sich große Mühe geben auf ihr Kind aufzupassen, kann ein

---

[104] Vgl. Gellenbeck 2002, S. 81

[105] Vgl. Pixa-Kettner; Bargfrede; Blanken 1996, S. 4

Unfall, der Missbrauch durch eine andere Person oder Mobbing in der Schule die Entwicklung und das Leben eines Kindes gefährden. Vor solchen schlimmen Ereignissen kann niemand mit Sicherheit geschützt werden.

Kinder von Eltern mit geistiger Behinderung sind zusätzlich der Gefahr von Entwicklungsbeeinträchtigungen ausgesetzt, die durch die Person der Eltern und deren Behinderung entsteht. Die Frage, ob ein Leben mit Beeinträchtigung schlimmer ist als nicht zu existieren, schließt sich damit an.

Natürlich ist ein Leben ohne Beeinträchtigung besser als eines mit. Aber führt das wirklich unweigerlich dazu, dass ein Mensch sein Leben als nicht lebenswert beurteilt?

Die Tochter einer geistig behinderten Mutter berichtet von vielen Schwierigkeiten in ihrer Kindheit. Wegen der leichteren Verständlichkeit nenne ich die Tochter im Folgenden „Anna" und die Mutter „Silke".[106]

Silke wurde ungewollt durch den Missbrauch von einem fremden Mann schwanger. Anna wuchs bei den Großeltern auf und hatte keine gute Beziehung zu ihrer Mutter. Silke konnte keine wirkliche Beziehung zu ihr aufbauen und lehnte sie immer wieder ab. Ihren Vater kannte Anna nicht. Anna berichtet von Lernproblemen und daraus resultierenden Kontaktschwierigkeiten zu anderen Kindern. Sie hatte keine Freunde und bekam nie Besuch von Klassenkameraden.

Über Empfängnisverhütung sagt Anna, dass es vielleicht besser gewesen wäre, wenn ihre Mutter aufgrund von Verhütung nicht mit ihr schwanger geworden wäre, obwohl sie mittlerweile gut zurecht kommt.[107]

Im Gegensatz zu den Erlebnissen von Anna berichten zwei Söhne von Müttern mit geistiger Behinderung, dass sich die Behinderung ihrer Mutter nur auf die äußeren Lebensumstände ausgewirkt habe. Beide wuchsen zusammen mit ihrer Mutter in einem Wohnheim auf und gaben an, dass die Behinderung der Mutter keine besondere Bedeutung für ihr Leben hatte und sie eine gute Beziehung zur Mutter haben.[108]

---

[106] Die Namen sind frei erfunden, da der Fall von Ilse Achilles anonym geschildert wurde.

[107] Vgl. Achilles 1990, S. 85ff.

[108] Vgl. Der Bundesminister für Gesundheit (Hrsg.) 1996, S. 71ff.

Es kommt sehr darauf an, unter welchen Bedingungen die Kinder mit ihren geistig behinderten Eltern leben. Nicht nur das familiäre Umfeld, sondern auch das weitere soziale Umfeld und dessen Einstellung zu Menschen mit geistiger Behinderung spielen eine wichtige Rolle bei dem Erleben der Kindheit. Die negativen Auswirkungen der geistigen Behinderung der Eltern scheinen umso geringer zu sein, je mehr Angebote es für die Kinder gibt. Hilfe in Form von persönlichen Beratungs- und Gesprächsangeboten sind neben der Förderung der Kinder sehr wichtig.[109]

Trotz negativer Erfahrungen in der Kindheit beschreibt Anna, die Tochter einer Mutter mit geistiger Behinderung, dass sie mittlerweile gut zurecht kommt. Sie hat eine eigene Familie gegründet und Kinder bekommen. Die beiden Söhne von Müttern mit geistiger Behinderung berichten davon keine negativen Erlebnisse aufgrund der geistigen Behinderung der Mutter gehabt zu haben.

Aufgrund dieser Berichte scheint es mir durchaus möglich zu sein ein glückliches Leben zu führen, auch wenn die Eltern oder ein Elternteil eine geistige Behinderung hat. Daraus schließe ich, dass ein Leben auch mit erhöhten Risiken für Entwicklungsstörungen und anderen Problemen aufgrund einer geistigen Behinderung der Eltern sehr wohl lebenswert ist und einem Nichtexistieren vorgezogen werden kann.

Alle aufgeführten Argumente gegen eine Elternschaft von Menschen mit geistiger Behinderung scheinen für ein generelles Unterbinden von Elternschaften von Menschen mit geistiger Behinderung nicht auszureichen. Die Kinder können im richtigen Umfeld und mit der nötigen Förderung eine schöne Kindheit haben und zu selbstständigen Menschen heranwachsen, die keine Beeinträchtigung durch die geistige Behinderung ihrer Eltern erleben.

Es soll aber auf keinen Fall der Eindruck entstehen, dass es im Einzelfall nicht doch gute Gründe gegen eine Elternschaft geben kann. Es darf nur allgemein nicht davon ausgegangen werden, dass Menschen mit geistiger Behinderung generell nicht in der Lage sind gute Eltern zu sein. Die geistige Behinderung der Eltern führt nicht automatisch zu einer Beeinträchtigung der Kinder. Selbst wenn das Kind in seiner Entwicklung benachteiligt ist, gibt es zahlreiche Fördermöglichkeiten um dem entgegenzuwirken. Ein Leben kann aber auch mit einer Beeinträchtigung

---

[109] Vgl. ebd., S. 80

lebenswert sein, sodass nicht davon ausgegangen werden kann, dass ein Kind von geistig behinderten Eltern lieber nicht existieren würde.

12 Begleitete Elternschaft

Momentan ist das Angebot an begleitenden Hilfen für Eltern mit geistiger Behinderung und ihre Kinder noch sehr überschaubar. Ein Teil der Eltern leben noch in der Herkunftsfamilie oder können bei einer leichten geistigen Behinderung manchmal ohne professionelle Unterstützung in einer eigenen Wohnung leben. Kommen die Eltern nicht ohne professionelle Hilfe zurecht, leben die Mütter oftmals in Mutter-Kind-Heimen. Es gibt aber auch Eltern-Kind-Heime wie die Eltern-Kind-Einrichtung der Behindertenhilfe Bethel in Bielefeld. Eine wichtige Betreuungsform ist die ambulante Begleitung der Eltern mit geistiger Behinderung, die etwa 35% der Eltern in Anspruch nehmen.

In welcher Form geistig behinderte Eltern unterstützt werden können, hängt zwar von den vorhandenen Angeboten ab, vor allem aber von den vorhandenen Fähigkeiten und der Selbständigkeit der Menschen mit geistiger Behinderung. Aufgrund der wenigen Angebote scheinen die Eltern oft keine Wahlmöglichkeit zu haben und müssen einen Umzug in Kauf nehmen um mit ihrem Kind zusammen leben zu dürfen. Das Jugendamt stellt in diesem Zusammenhang einige Forderungen die erfüllt werden müssen, damit das Kind bei den Eltern bleiben kann. Deshalb ist das Verbleiben der Eltern und des Kindes in einem Wohnheim für Menschen mit geistiger Behinderung nicht möglich, da die Einrichtung vom Landesjugendamt anerkannt sein muss.

Damit eine begleitete Elternschaft gelingen kann, ist es wichtig, dass die Eltern die Hilfe annehmen und deren Notwendigkeit erkennen. Arbeiten die Eltern nicht mit dem Fachpersonal zusammen, ist ein Zusammenleben der Eltern mit dem Kind häufig nicht möglich, da das Jugendamt einschreiten würde.

Die Unterstützungsmaßnahmen müssen individuell geplant werden und sollten Angebotscharakter haben, damit die Eltern nicht das Gefühl haben zu etwas gezwungen zu werden. Aufgrund der klaren Vorgaben des Jugendamtes, wann ein Kind bei den Eltern mit geistiger Behinderung leben darf, erscheint mir das jedoch schwer umsetzbar.

Bei allen Begleitangeboten sollen Selbständigkeit und Selbstbestimmung so weit wie möglich gefördert und erhalten werden. Ziel ist es die Eltern dazu zu befähigen ihre Aufgaben als Eltern wahrzunehmen und die

Verantwortung für das Kind zu tragen – und nicht die Eltern völlig zu ersetzen.[110]

Sind die Eltern mit geistiger Behinderung bereit Hilfe anzunehmen, scheinen die meisten Schwierigkeiten lösbar zu sein, die im Zusammenhang mit der Elternschaft auftreten können.

> „Solange sich die Eltern mit geistiger Behinderung ihrer Grenzen bewusst sind und Hilfen einfordern und auch annehmen können, ist den Problemen mit Unterstützung beizukommen."[111]

12.1 Betreuungsmöglichkeiten

Für die Eltern und das Kind kommen verschiedene Lebensformen und dazugehörige Unterstützungsmöglichkeiten in Frage:

- Wohnen in einer eigenen Wohnung
- Wohnen in einer heilpädagogischen Gemeinschaft
- Wohnen in einem Wohnheim
- Wohnen in einem Mutter-Kind-Heim
- Wohnen in der Herkunftsfamilie
- Wohnen in einer Pflegefamilie

Die Angebote lassen sich grob in *stationäre* und *ambulante Hilfen* unterteilen. Ein sehr geringer Teil der Eltern kann sogar ohne Unterstützung mit dem Kind zusammen leben.

Bei der stationären Betreuung in einem Wohnheim, einer heilpädagogischen Gemeinschaft, einem Mutter-Kind-Heim, der Herkunftsfamilie oder einer Pflegefamilie ist die Unterstützung der Eltern am intensivsten. Da das Leben in einer Familie rund um die Uhr stattfindet, zähle ich sowohl das Leben in der Herkunftsfamilie als auch das in einer Pflegefamilie zu den stationären Hilfen.

Die Möglichkeit für die Eltern, *mit* dem Kind in einer Pflegefamilie zu leben ist noch sehr selten, scheint aber eine erfolgreiche Unterstützungsmöglichkeit für Eltern und Kind zu sein.

---

[110] Vgl. Staudenmaier 2004, S. 61

[111] Ebd.

Menschen mit geistiger Behinderung, die in einem Wohnheim leben und nicht die notwendigen Fähigkeiten erworben haben, in eine eigene Wohnung zu ziehen, werden mit einem Kind auch weiterhin in einer stationären Einrichtung betreut werden müssen. Sehr wahrscheinlich ist, dass die stationäre Einrichtung aufgrund der Schwangerschaft und späteren Elternschaft gewechselt werden muss. Stationäre Einrichtungen haben meist keine geeigneten Unterbringungsmöglichkeiten für Eltern mit geistiger Behinderung und ihre Kinder und können die notwendige Förderung des Kindes nicht leisten.

Hinzu kommt, dass die Mitarbeiter in einem Wohnheim für Menschen mit geistiger Behinderung oft nicht darauf vorbereitet sind, dass Bewohner ein Kind bekommen und dementsprechend auch keinerlei Erfahrungen mit der Thematik haben. Schon aufgrund dieser Tatsachen wäre es für die werdenden Eltern von Vorteil, in eine auf Elternschaft ausgerichtete Einrichtung umzuziehen, da sie dort eine bessere Unterstützung erhalten können. Mitarbeiter in der Behindertenhilfe haben nicht die notwendigen Kenntnisse über Kindesentwicklung und könnten eine verzögerte Entwicklung erst erkennen, wenn sie schon weit fortgeschritten ist. Deshalb ist es auch im Interesse des Kindes in eine Einrichtung umzuziehen, die auf die begleitete Elternschaft spezialisiert ist.

Ein weiterer Grund für einen Umzug in eine spezielle Einrichtung ist der, dass es unter den Bewohner zu Problemen kommen könnte, wenn die werdenden Eltern mehr Aufmerksamkeit bekommen und ihnen viel mehr Zeit gewidmet wird als den anderen Bewohnern des Wohnheims. Die Eltern haben dort keine Kontakte zu anderen Eltern und können sich nicht austauschen; außerdem hat ein Kind in einem Behindertenwohnheim keine Spielkameraden.

Bei der ambulanten Betreuung leben Eltern und Kind in einer eigenen Wohnung und bekommen die Unterstützung, die sie im Alltag brauchen. Haben die Eltern vor der Elternschaft alleine in einer eigenen Wohnung gelebt oder wurden sie ambulant betreut, ist die Wahrscheinlichkeit groß, dass sie auch mit ihrem Kind weiterhin ambulant betreut werden können. Es kann aber auch notwendig werden, die junge Familie wegen des zusätzlichen Unterstützungsbedarfs stationär unterzubringen.

Die dritte Möglichkeit, dass die Eltern keine professionelle Unterstützung brauchen, kann nur bei einer leichten geistigen Behinderung oder Lernbehinderung gelingen. Auch wenn nur ein Elternteil eine geistige Behinderung hat oder die Eltern über ein gutes soziales Netz verfügen, das bei der Versorgung und Erziehung des Kindes beteiligt ist, kann das

Familienleben ohne professionelle Hilfe gelingen. In diesem Fall wird die notwendige Unterstützung vom sozialen Netzwerk bereitgestellt und ist deswegen eine weitere Lebensform für Eltern mit geistiger Behinderung.

Sowohl die stationäre als auch die ambulante Begleitung haben Vor- und Nachteile. Durch die stationäre Betreuung kann der Vereinsamung eher entgegengewirkt werden, weil die Eltern gemeinsam mit anderen Eltern in einem Wohnheim leben und auch gemeinsam ihre Freizeit gestalten können. Die Möglichkeiten sich auszutauschen sind erheblich größer als bei der ambulanten Begleitung.

Bei der ambulanten Begleitung können die Eltern mit geistiger Behinderung viel mehr selbst entscheiden und ihr Leben so gestalten, wie sie es sich vorstellen. Die Aspekte des Normalisierungsprinzips finden hier deutlich mehr Anwendung. Auf der anderen Seite ist die Gefahr der Überforderung größer und somit auch die Wahrscheinlichkeit der Herausnahme der Kinder aus der Familie.[112]

12.2 Finanzierung der begleiteten Elternschaft

Die Finanzierung begleitender Hilfen ist problematisch. Lebten die Eltern zuvor in einer Einrichtung für Menschen mit geistiger Behinderung in Nordrhein-Westfalen, wurde ihr Platz vom Landschaftsverband als überörtlichem Sozialhilfeträger bezahlt. Sie haben nach §§ 53 und 54 SGB XII einen Anspruch auf Eingliederungshilfe, wenn sie dem Personenkreis „Menschen mit geistiger Behinderung" zugeordnet sind. Des Weiteren können sie Leistungen zur Teilhabe am Leben in der Gemeinschaft nach § 55 SGB IX empfangen. Lebten die Eltern in einer ambulant betreuten Wohnform, ergibt sich das Problem, dass die Eltern ohne das Kind keine stationäre Unterbringung brauchten und sie nun eventuell Voraussetzung für das Zusammenleben der Familie werden kann. Eine stationäre Unterbringung wird vom Landschaftsverband dann aber nicht finanziert, weil sie für die Eltern allein nicht notwendig ist.

Hilfen zur Erziehung sind in § 27 SGB VIII geregelt und die sozialpädagogische Familienhilfe in § 31 SGB VIII. Die Unterbringung eines Kindes wird vom Jugendamt der Kommune finanziert.

---

[112] Vgl. Gellenbeck 2003, S.87

Bei der Entscheidung über die Hilfeart sollen mehrere Fachkräfte mit den Personensorgeberechtigten und dem Kind einen Hilfeplan erstellen.[113]

Nach § 19 SGB VIII wird eine stationäre Betreuung der Eltern mit dem Kind nur bis zum sechsten Lebensjahr des Kindes finanziert. Da eine Begleitung jedoch meistens länger notwendig ist, gibt es auch Einrichtungen, die sie bis zum achtzehnten Lebensjahr des Kindes anbieten. In Deutschland gibt es momentan nur vier solcher Einrichtungen.

Eine gemischte Finanzierung der begleiteten Elternschaft scheint üblich zu sein, bei der jeweils die Hälfte der Kosten über das SGB IX und die andere Hälfte über das SGB VIII gedeckt werden. Aber auch additive Abrechnungen scheinen möglich zu sein.[114] Zusätzlich gibt es eine weitere Möglichkeit für schwangere Frauen finanzielle Unterstützung zu bekommen:

> „Frauen, die sich im Zusammenhang mit einer Schwangerschaft in einer Notlage befinden, können über anerkannte Beratungsstellen Hilfe aus Mitteln der Bundesstiftung „Mutter und Kind – Schutz des ungeborenen Lebens" erhalten, die zusätzlich zur Sozialhilfe gewährt wird."[115]

12.3 Mitarbeiter der begleiteten Elternschaft

Eine Familie sollte immer von einem multiprofessionellen Team begleitet werden. Eine einzelne Person kann eine Begleitung nicht leisten, weil sie nicht alle notwendigen Fähigkeiten und Erfahrungen hat. Außerdem wäre eine ständige Bereitschaft und Zuständigkeit für die Familie nicht leistbar. In einem Team ist auch gewährleistet, dass die Familie gut betreut ist, wenn ein Mitarbeiter krank wird oder in den Urlaub fährt. Da ein Mitarbeiterteam für eine einzelne Familie wahrscheinlich nicht finanziert werden kann, wäre es sinnvoll mehrere Familien parallel zu betreuen. Bei der Größe des Teams gehen die Meinungen auseinander. Bei mehreren Betreuungspersonen gibt es den Vorteil, dass die einzelnen Mitarbeiter nicht zu sehr in die Familie eingebunden werden. Bei wenigen Betreuungspersonen verbringen sie viel Zeit in den Familien, sodass sie Teil der Familie werden und eventuelle Aufgaben der Eltern über-

---

[113] Vgl. § 36 SGB VIII

[114] Vgl. Gellenbeck 2002, S. 126

[115] Ebd.

nehmen anstatt sie zu unterstützen.[116] Wichtig ist in jedem Fall, dass die Betreuungspersonen nicht häufig wechseln, sodass Eltern und Kind ein Vertrauensverhältnis zu den Mitarbeitern aufbauen können.

Das Team sollte gemischtgeschlechtlich sein, damit die Eltern beide einen gleichgeschlechtlichen Ansprechpartner haben. Die Mitarbeiter sind als Vorbilder auch Personen, mit denen sich die Eltern identifizieren können, um so ihre Elternrolle zu erfüllen. Auch deshalb ist ein gemischt-geschlechtliches Team nicht nur sinnvoll, sondern sogar notwendig. Lebt ein Elternteil mit dem Kind allein, sind die Mitarbeiter noch mehr als sonst für das Kind wichtige Identifikationspersonen.

Gut wäre es, einen Sozialarbeiter im Team zu haben, der sich mit Recht, Verwaltung und dem Kontakt zu Behörden wie dem Jugendamt auskennt. Ein Pädagoge oder Heilpädagoge, der sich mit der Entwicklungsförderung des Kindes auskennt, wäre wichtig um die gesunde Entwicklung des Kindes zu gewährleisten. Gerade wenn das Kind noch klein ist, ist es gut eine Hebamme oder Kinderkrankenschwester im Team zu haben, die genau weiß, wie mit dem Kind umgegangen werden muss und den Eltern zeigen kann, was sie bei der Pflege des Kindes beachten müssen. Außerdem erkennt sie mögliche Erkrankungen und kennt die notwendige Behandlung. Sie kann die Eltern in der Hinsicht besser unterstützen als ein pädagogischer Mitarbeiter. Bei älteren Kindern könnte eine Erzieherin oder Sozialpädagogin das Team gut ergänzen, während die Hebamme oder Kinderkrankenschwester dann nicht mehr so wichtig ist.

Bei der *Begleiteten Elternschaft* in Bielefeld ist es keine Voraussetzung selbst Familie und Kinder zu haben, um dort arbeiten zu können. Dennoch kann es von Vorteil sein eigene Erfahrungen aus dem Familienleben in die Arbeit mit einfließen lassen zu können. Erfahrung in der Arbeit mit Familien und Kindern ist auf jeden Fall von Vorteil.

Das Festlegen eines Bezugsbetreuers für die Eltern kann sehr hilfreich sein, weil sie dann wissen, an wen sie sich mit bestimmten Anliegen am besten wenden können. So wird vermieden, dass die verschiedenen Mitarbeiter verschiedene Lösungen anbieten und die Eltern so durcheinander gebracht werden. Gibt es Schwierigkeiten zwischen Eltern und Kind, kann es hilfreich sein, eine weitere Bezugsperson für das Kind festgelegt zu haben. So müssen die Mitarbeiter nicht für beide Seiten Partei ergreifen und geraten nicht so schnell in einen Konflikt. Bei die-

---

[116] Vgl. Staudenmaier 2004, S. 67

sem System sind natürlich trotzdem alle Mitarbeiter für die meisten Aufgaben verantwortlich.

Wöchentliche Teamgespräche sind hilfreich um sich auszutauschen, gewisse Probleme als Team zu besprechen und Lösungen zu finden. Auch hierbei ist die unterschiedliche Ausbildung der Mitarbeiter von Vorteil, weil so verschiedene Aspekte betrachtet werden können. Eine Supervision wäre zusätzlich hilfreich. Auch regelmäßige Fortbildungen der Mitarbeiter sind gerade in einem sich noch schnell entwickelnden Arbeitsfeld wichtig, um eine optimale Begleitung leisten zu können.[117]

12.4 Aufgaben und Inhalte der begleiteten Elternschaft

Die Begleitung der Familie soll immer als Hilfe zur Selbsthilfe verstanden werden. Die Familie soll dazu befähigt werden selbständig und eigenverantwortlich zu entscheiden und nur die Hilfe erhalten die sie braucht, um selbst bestimmt das Familienleben zu gestalten. Die Eltern sollen dahin begleitet werden, ihre Rolle und ihre Aufgaben als Eltern wahrzunehmen und ihre elterlichen Kompetenzen zu erweitern. Das Kind soll in seiner Entwicklung gefördert werden und sein Wohl sichergestellt sein.

12.4.1 Die Begleitung der Eltern

Die Eltern sollen durch die Begleitung dazu befähigt werden eigenverantwortlich für ihr Kind zu sorgen. Dazu fehlende Fähigkeiten sollen ihnen beigebracht werden oder wenn das nicht möglich ist von den Mitarbeitern übernommen werden. Sie sollen lernen auf die Bedürfnisse des Kindes einzugehen und angemessen für es zu sorgen.

Welche Hilfen schon während der Schwangerschaft stattfinden können, hat Oliver Gellenbeck in seiner Diplomarbeit erarbeitet:

- Vorbereitung auf das Kind und die Elternrolle.

- Hilfe bei der Vor- und Nachbereitung der Geburt.

- Begleitung zu Vorsorgeuntersuchungen.

- Förderung eines gesunden Lebenswandels.

- Aufbau einer positiven emotionalen Beziehung zum Kind.

- Anerkennen des Kindes als Persönlichkeit mit eigenen Bedürfnissen und eigenem Lebensrhythmus.

---

[117] Vgl. Gellenbeck 2002, S. 129f.

- Entwicklung eines Verantwortungsgefühls für das Kind.
- Einsicht in eigene Grenzen bei der Wahrnehmung der Elternrolle.[118]

Ich möchte stichpunktartig auflisten, welche Unterstützung der Eltern in den einzelnen Bereichen erbracht werden kann. Dabei beziehe ich mich auf die Leistungsbeschreibung des stationären Wohn- und Betreuungsangebots für Eltern und Kind im Stiftungsbereich Behindertenhilfe der von Bodelschwinghschen Anstalten Bethel.

Rahmenbedingungen:

- Begleitung der Eltern beim Aufnahmeverfahren
- Mitwirkung beim Hilfeplanverfahren
- Motivation zur aktiven Teilnahme am Hilfeangebot
- Einübung einer Tagesstruktur
- Gestaltung der Wohnsituation
- Sauberhalten der Wohnung
- Waschen der Wäsche
- Erledigen von Einkäufen
- Selbständige Versorgung der Familie
- Ernährung und Kochen

Arbeit mit den Eltern:

- Klärung der konkreten Lebenssituation
- Entwicklung der eigenen Lebensperspektive
- Klärung der eigenen Rolle
- Aufarbeitung der eigenen Lebensgeschichte
- Aufbau von Selbstwertgefühl
- Hilfe bei der religiösen/ethischen Orientierung
- Förderung von Eigenverantwortung und Selbständigkeit
- Unterstützung beim verantwortlichen Umgang mit der eigenen Gesundheit
- Motivation zu körperlicher Hygiene
- Gespräche über Genuss- und Suchtmittel

---

[118] Vgl. Gellenbeck 2002, S. 132

- Auseinandersetzung mit Rechten und Pflichten
- Unterstützung von Kontakten zum Jugendamt
- Hilfe bei der beruflichen Integration
- Klärung der finanziellen Situation
- Verantwortlicher Umgang mit Geld
- Unterstützung beim Aufbau sozialer Kontakte
- Aktive Freizeitgestaltung und Entwicklung eigener Interessen
- Hilfe bei der Organisation einer Kinderbetreuung
- Entlastung der Familie durch Kinderbetreuung
- Unterstützung bei der Entscheidungsfindung über den Verbleib des Kindes und eventuell Vorbereitung auf eine Trennung

Eltern-Kind-Beziehung:

- Klärung der Bedürfnisse von Eltern und Kind
- Unterstützung der Eltern-Kind-Beziehung
- Reflexion der Eltern-Kind-Beziehung
- Stärkung der Kompetenzen
- Förderung der Beziehungsfähigkeit
- Motivation zur Teilnahme an Eltern-Kind-Angeboten
- Selbständige Erziehung des Kindes
- Anleitung die Fähigkeiten und Bedürfnisse des Kindes wahrzunehmen und angemessen darauf zu reagieren
- Anregung und Unterstützung bei der Pflege und Versorgung des Kindes
- Anleitung zu der Entwicklung angemessenen Spiel- und Lernangeboten
- Planung und Umsetzung der Betreuung des Kindes in einem Kindergarten
- Altersgemäße Beteiligung des Kindes an hauswirtschaftlichen Tätigkeiten
- Hilfe bei der Vorbereitung von Festen und Geburtstagen

12.4.2 Die Förderung der Kinder

Die Verantwortung für das Kind soll so weit wie möglich bei den Eltern verbleiben. Betreuungspersonen sollen die Eltern nicht ersetzen, sondern bei der Erziehung des Kindes helfen. Die Betreuungspersonen sind dafür verantwortlich das Wohl des Kindes sicherzustellen und im Notfall einzugreifen, wenn das Kindeswohl gefährdet ist. Sie sollen dazu beitragen, dass sich das Kind altersgerecht entwickeln kann.

Die folgenden Punkte, welche Aufgaben bei der Förderung der Kinder anfallen, sind in Anlehnung an die zuvor erwähnte Leistungsbeschreibung und die Diplomarbeit von Oliver Gellenbeck[119] entstanden.

Versorgung des Kindes:

• Sicherstellen der Pflege und Versorgung des Kindes unter Einbeziehen der Eltern

• Versorgung des Kindes bei Krankheit oder Abwesenheit der Eltern

• Überprüfung und Veranlassung medizinischer Versorgung und Wahrnehmen der Vorsorgeuntersuchungen

• Sicherstellen der Medikamentengabe

Entwicklung des Kindes:

• Kompensation von Entwicklungsverzögerungen durch Frühförderung

• Hilfe bei der emotionalen, psycho-sozialen, kognitiven und körperlichen Entwicklung

• individuelle heilpädagogische Förderung

• Überprüfung des Entwicklungsstandes

• Alltagspädagogische Hilfen für das Kind

• Vernetzung mit anderen Therapieangeboten

• Schulische Integration

• Unterstützung bei Hausaufgaben und schulischen Problemen

• Unterstützung bei der Schul- und Berufswahl

• Entlastung der Kinder von der Verantwortung für die Eltern

• Förderung sozialer Kontakte außerhalb der Einrichtung

---

[119] Vgl. Gellenbeck 2002, S. 131ff.

- Vermittlung sozialer Kompetenzen, Konfliktbewältigung
- Teilnahme an Sportgruppen, Gemeindeveranstaltungen
- Förderung der Kontakte zu weiteren Familienmitgliedern
- Unterstützung der Ablösung bei anstehender Trennung
- Bei älteren Kindern: Anregung zur Auseinandersetzung mit der Behinderung der Eltern, eigenen Wertvorstellungen und Herkunft

12.5 Die Dauer der Begleitung

Die Begleitung der Eltern und des Kindes soll so lange wie nötig stattfinden. Sie endet jedoch, wenn die Eltern die Unterstützung dauerhaft ablehnen und zu einer Zusammenarbeit nicht bereit sind. Voraussetzung eines Zusammenlebens von Eltern und Kind ist häufig die professionelle Begleitung in einer speziellen Einrichtung. Eine gute Zusammenarbeit der Eltern mit der Einrichtung wird vorausgesetzt, um dort leben zu können.

Die Begleitung kann auch enden, wenn die Eltern alle wichtigen Fähigkeiten erlernt haben und das Kind alt genug ist, sodass eine Begleitung nicht mehr erforderlich ist. Vor diesem Schritt erfolgt bei einer stationären Begleitung meistens der Auszug der Familie aus der Wohneinrichtung in eine eigene Wohnung mit ambulanter Betreuung. Der Schritt soll einen Übergang von der stationären Hilfe zum eigenständigen Leben ohne Unterstützung schaffen.

Kann das Kindeswohl trotz intensiver Begleitung nicht sichergestellt werden, ist eine Trennung von Eltern und Kind unumgänglich. Der Trennungsprozess sollte begleitet werden, auch um eine weitere Schwangerschaft der Mutter, direkt nach der Trennung, zu vermeiden. Immer wieder kommt es vor, dass eine Frau die gerade ihr Kind abgeben musste, durch eine erneute Schwangerschaft versucht den Verlust zu ersetzen.

13 Schluss

13.1 Zusammenfassung

In den letzen Jahren konnte ein Wandel in der Diskussion über die Elternschaft von Menschen mit geistiger Behinderung beobachtet werden. Trotz der mittlerweile eher befürwortenden Haltung von Fachleuten ist eine Ablehnung in der Praxis zu beobachten, vor allem bei Eltern und Betreuern von Menschen mit geistiger Behinderung. Unwissenheit, Ängste und Vorurteile beherrschen oft die Meinungen und fehlende Unterstützungsangebote erschweren die Umsetzung einer Elternschaft in vielen Fällen. Ziele in der Behindertenhilfe wie Normalisierung, Selbstbestimmung, Integration und Teilhabe werden angestrebt, die Umsetzung ist jedoch noch nicht abgeschlossen, sodass viele Menschen mit geistiger Behinderung immer noch überwiegend fremdbestimmt leben. Rein rechtlich gesehen gibt es für Menschen mit geistiger Behinderung nur sehr wenige zusätzliche Einschränkungen. Die meisten resultieren aus gesellschaftlichen oder finanziellen Bedingungen und sind ethisch betrachtet nicht zu rechtfertigen.[120] Alle Versuche Partnerschaften, Ehen, Sexualität oder Elternschaft zu verbieten oder zu verhindern sind rechtswidrig. Vor allem Mitarbeiter in der Behindertenhilfe sollten ihren Standpunkt in der Hinsicht überdenken und dazu beitragen, Gleichberechtigung für Menschen mit geistiger Behinderung herzustellen.[121] Die eigentliche Behinderung eines selbst bestimmten Lebens von Menschen mit geistiger Behinderung resultiert aus Vorurteilen, Einschränkungen und räumlichen Gegebenheiten in Wohnheimen. Eine Selbstbestimmung hinsichtlich Nachkommenschaft wurde bis vor kurzem strikt abgelehnt und ist auch heute noch aus Angst durch eine Schwangerschaft und die Elternschaft zusätzlich belastet zu werden, nicht generell erwünscht.[122]

Eltern und Betreuer versuchen immer noch, nicht nur Schwangerschaften, sondern auch Partnerschaften zu verhindern.

Nach den Betheler Arbeitstexten müssten alle eingreifenden Personen ihr Handeln rechtfertigen, und nicht die Menschen mit geistiger Behinderung, die ihr Recht auf Partnerschaft, Sexualität und Elternschaft zu

---

[120] Vgl. Gellenbeck 2002, S. 76

[121] Vgl. ebd.

[122] Vgl. Walter 2005, S. 293

realisieren versuchen.[123] Die Frage danach, ob Menschen mit geistiger Behinderung ein Recht auf eigene Kinder haben, kann ich heute eindeutig mit „Ja" beantworten. Die Kinderwunschmotive von Menschen mit geistiger Behinderung unterscheiden sich generell nicht von den Motiven von Menschen ohne geistige Behinderung. In beiden Fällen erhoffen sich die Eltern eine Veränderung in ihrem Leben und Erfüllung in der Elternrolle. Es kann jedoch vorkommen, dass hinter dem Kinderwunsch von Menschen mit geistiger Behinderung ein Bedürfnis steht, dass durch eine Elternschaft nicht befriedigt wird. Dann sollte eine Möglichkeit gefunden werden, wie das Bedürfnis anders befriedigt werden kann.

Eine geistige Behinderung verhindert nicht grundsätzlich, dass Menschen eine gut überlegte Entscheidung über eine Elternschaft treffen können.

Eltern und Betreuer von Menschen mit geistiger Behinderung sind dazu aufgefordert in allen Einzelheiten über die Folgen und Veränderungen durch die Geburt eines Kindes aufzuklären, damit eine gute Entscheidung ermöglicht werden kann.

Wenn Menschen mit geistiger Behinderung wissen, was mit einer Elternschaft auf sie zukommt, können und sollen sie selbst darüber entscheiden, ob sie ein Kind bekommen möchten oder nicht. In einem solchen Fall kann es nicht gerechtfertigt werden eine Elternschaft zu verbieten oder zu verhindern. Sind Menschen mit einer geistigen Behinderung jedoch nicht in der Lage, die Konsequenzen abzuschätzen und würden sie sich selbst mit der Entscheidung für ein Kind erheblich schaden, muss im Einzelfall darüber nachgedacht werden, ob eine Elternschaft wirklich im Interesse der Person ist. Es sollte dabei unbedingt beachtet werden, dass im Vorhinein kein Urteil über die elterlichen Kompetenzen einer Person gefällt werden kann, weil sie oft erst nach der Geburt sichtbar werden.

Eines der wichtigsten Argumente der Gegner von Elternschaften von Menschen mit geistiger Behinderung ist die erbliche Belastung des Kindes und die angeblich hohe Wahrscheinlichkeit einer geistigen Behinderung des Kindes. Nach aktuellen Studien kann festgehalten werden, dass Kinder von Menschen mit geistiger Behinderung nicht häufiger eine Behinderung haben als die Kinder von gesunden Eltern. Ihre intellektuellen Fähigkeiten sind durchschnittlich.[124] Es können jedoch sekundäre

---

[123] Vgl. Betheler Arbeitstext 6 1993, S. 4

[124] Vgl. Gellenbeck 2002, S. 80f.

Behinderungen entstehen, wenn die Kinder nicht ausreichend gefördert werden. Deshalb scheint eine professionelle Begleitung von Eltern und Kind in den meisten Fällen notwendig. Das Argument, dass Kinder von Menschen mit geistiger Behinderung unter unzumutbaren Verhältnissen aufwachsen, erscheint mir nach einigen Überlegungen nicht ausreichend, um Elternschaften von Menschen mit geistiger Behinderung generell abzulehnen. Durch die strenge Kontrolle des Kindeswohls durch das Jugendamt und weitere Unterstützungsangebote kann so gut wie allen die Entwicklung schädigenden Faktoren entgegen gewirkt werden, sodass die Kinder zu gesunden Menschen heranwachsen können.

Bei der Elternschaft von Menschen mit geistiger Behinderung ergibt sich meistens ein Konflikt zwischen Elternrecht und Kindeswohl. Nicht in allen Fällen kann er so gelöst werden, dass Eltern und Kind zusammen bleiben können. Die Unterbringung der Familie in einer speziell auf Elternschaft ausgerichteten Einrichtung kann aber in hohem Maße zu einer gelingenden Elternschaft beitragen, bei der sowohl den Bedürfnissen der Eltern als auch denen des Kindes Rechnung getragen wird. Das kann häufig nur durch strenge Kontrolle der Mitarbeiter und des Jugendamtes umgesetzt werden. Auch die Beschreibungen von Petra Thöne, wie der Tagesablauf der Eltern in ihrer Einrichtung geregelt ist, verdeutlichte mir noch einmal, dass Ursula Pixa-Kettner Recht mit der Annahme hat, dass Eltern mit geistiger Behinderung zu der am strengsten kontrollierten Gruppe von Menschen in unserer Gesellschaft gehören. Ich empfinde es als schwerwiegende Ungerechtigkeit, dass dabei oft höhere Anforderungen an sie gestellt werden als an andere Eltern.[125]

Ob ein selbst bestimmtes Leben unter diesen, oft notwendigen, schwierigen Bedingungen möglich ist, kann ich nicht beantworten. Da die Freiheit eines der höchsten Güter des Menschen ist, bezweifle ich, dass ihre Einschränkung durch straffe Kontrolle nicht in irgendeiner Form negative Auswirkungen auf die Lebensqualität hat. Ob das Glück beim Zusammenleben mit dem eigenen Kind die Folgen der Freiheitseinschränkung in den Schatten stellt, kann und will ich nicht beurteilen.

In jedem Fall ist mir bewusst geworden, dass es vor allem an stationären Einrichtungen für Eltern mit geistiger Behinderung mangelt und dass noch viele Erkenntnisse erarbeitet werden müssen, um in Zukunft Elternschaft für Menschen mit geistiger Behinderung unter guten Rahmenbedingungen zu ermöglichen.

---

[125] Vgl. Pixa-Kettner 2004b , S.3

13.2 Ein Leitfaden für Wohneinrichtungen der Behindertenhilfe

Um einen Beitrag für die Praxis zu leisten, möchte ich einen Teil der Zusammenfassung in Form eines Leitfadens erstellen. Er soll Mitarbeitern der Behindertenhilfe einen ersten Einblick in die Thematik der Elternschaft von Menschen mit geistiger Behinderung geben, wenn ein Paar einen Kinderwunsch äußert oder eine Frau mit geistiger Behinderung schwanger ist. Ich möchte dazu beitragen, dass die allgemein eher ablehnende Haltung des Fachpersonals gegenüber einer Elternschaft von Menschen mit geistiger Behinderung überdacht und Gegenargumente überprüft werden.

13.2.1 Einleitung

Während meiner Arbeit mit Menschen mit geistiger Behinderung lernte ich eine Mutter mit geistiger Behinderung kennen, deren Kind nach der Geburt zur Adoption frei gegeben wurde. Aus ihrem Verhalten konnte ich immer wieder schließen, dass das Erlebnis nie richtig von ihr verarbeitet wurde. In diesem Zusammenhang begann ich mich mit der Thematik näher zu beschäftigen und stellte mir immer wieder folgende Fragen:

- Sollen Menschen mit einer geistigen Behinderung Kinder bekommen?
- Sind sie in der Lage sich um ihre Kinder zu kümmern?
- Gibt es Fälle in denen es gerechtfertigt werden kann eine Elternschaft zu verhindern, weil klar ist, dass die Eltern das Kind nicht behalten können?

Um die Fragen ausführlich zu beantworten, entschied ich mich diese Arbeit zu schreiben. Da ich im Gespräch mit meinen Kollegen immer wieder damit konfrontiert wurde, dass das Thema in der Einrichtung nicht thematisiert wurde, wollte ich einen Leitfaden schreiben, um einen ersten Überblick über die Elternschaft von Menschen mit geistiger Behinderung zu geben.

Noch vor einigen Jahren wurde Menschen mit geistiger Behinderung eine Elternschaft untersagt, weil man sich einig war, dass sie ihre Elternrolle nicht wahrnehmen könnten. Deshalb wurden Kinder entweder zur Adoption freigegeben oder wuchsen bei den Großeltern auf. Im Zusammenhang mit der Selbstbestimmung von Menschen mit geistiger Behinderung und dem Normalisierungsprinzip veränderte sich die Sichtweise, und in der aktuellen Literatur wird die Elternschaft eher befürwortet. Dennoch scheint es bei den Eltern und Betreuern von Menschen mit geistiger Behinderung eine große Unsicherheit und viele Ängste bezüglich der Elternschaft zu geben.

In einigen Kapiteln der Arbeit habe ich mich mit der Selbstbestimmung von Menschen mit geistiger Behinderung auseinander gesetzt und bin zu dem Schluss gekommen, dass Selbstbestimmung möglich ist, wenn die Person eine kompetente Entscheidung treffen kann, weil sie über die Konsequenzen der Handlung informiert ist. Nur ein Schaden oder eine Gefahr für Dritte rechtfertigen einen Eingriff in die Selbstbestimmung eines Menschen. Bei dem Punkt, ob eine Gefahr für die handelnde Person selbst einen Eingriff rechtfertigt, gibt es unterschiedliche Ansichten.

Nach John Stuart Mill sollte bei erwachsenen, gesunden Menschen kein Eingriff stattfinden, wenn die Person sich durch ihr Handeln selbst gefährdet, bei Kindern oder Menschen mit geistiger Behinderung ist er jedoch der Ansicht, dass sie vor sich selbst geschützt werden müssen. Ein Paternalismusverbot kann meiner Meinung nach bedingt auf Menschen mit geistiger Behinderung angewendet werden, da auch Menschen mit geistiger Behinderung Entscheidungen treffen können, bei denen sie die Folgen abschätzen können. Ist jedoch klar, dass die Person mit geistiger Behinderung die Folgen einer Handlung nicht will, weil sie nicht in ihrem Interesse sind, sollte in Form von weichem Paternalismus eingegriffen werden.

Da Menschen mit geistiger Behinderung nach dem Grundgesetz nicht benachteiligt werden dürfen, kann eine Elternschaft mit legalen Mitteln nicht verboten oder verhindert werden. Menschen mit geistiger Behinderung haben ein Recht auf das Treffen von eigenen Entscheidungen und Familienplanung. Bei der Elternschaft von Menschen mit geistiger Behinderung kann im Voraus keine Aussage darüber getroffen werden, ob die Eltern in der Lage sein werden ihr Kind zu versorgen. Mir wurde von Fällen berichtet, bei denen nicht davon ausgegangen wurde, dass die Mutter ihr Kind versorgen könne, sie dann aber sogar nur mit ambulanter Hilfe dazu in der Lage war. Die Aufgabe von Betreuern in der Behindertenhilfe besteht also nicht darin, mit allen Mitteln eine Elternschaft zu verhindern, sondern dazu beizutragen, dass die Personen informiert und im Wissen um die Konsequenzen eine gute Entscheidung für sich und ihr Leben treffen können. Kommt es dann zu einer Schwangerschaft, ist es notwendig, die werdende Mutter zu begleiten und mit ihr alle notwendigen Schritte zu planen, damit das Kind bei den Eltern verbleiben kann.

13.2.2 Die Notwendigkeit begleiteter Elternschaft

Bei der Elternschaft von Menschen mit einer geistigen Behinderung erscheint eine individuelle Begleitung notwendig um die gesunde Entwicklung des Kindes zu gewährleisten und die Familie zu stärken. Es wurde häufig beobachtet, dass die Kinder von Menschen mit geistiger Behinderung sich gut entwickelten, wenn die Eltern bei der Versorgung und Erziehung begleitet wurden.

Menschen mit einer geistigen Behinderung müssen, wie andere Menschen auch, in ihre neue Rolle und die neuen Aufgaben als Eltern hineinwachsen. Da Menschen mit einer geistigen Behinderung beim Erlernen neuer Fähigkeiten aufgrund der kognitiven Beeinträchtigung länger brauchen, scheint eine Unterstützung vor allem in den ersten Monaten notwendig. Findet keine Unterstützung statt, sind die Eltern schnell überfordert und das Kindeswohl ist gefährdet. Bei der Elternschaft von Menschen mit einer geistigen Behinderung sollte das Jugendamt so schnell wie möglich mit einbezogen werden, um zu klären, ob und wie das Kind bei den Eltern leben kann. Das Jugendamt stimmt einem Verbleiben des Kindes bei der Mutter mit geistiger Behinderung in den meisten Fällen nur zu, wenn sie in eine spezielle Einrichtung umzieht. Aufgrund der vielfältigen Aufgaben der Mitarbeiter bei der Begleitung der Eltern und des Kindes kann diese nicht in einem Wohnheim für Menschen mit geistiger Behinderung geleistet werden. Wissen über die altersgerechte Kindesentwicklung und die Kompensation von Entwicklungsverzögerungen sind bei Mitarbeitern der Behindertenhilfe nicht in ausreichendem Maß vorhanden.

In welcher Form und Intensität eine Begleitung stattfinden muss, kann nur individuell festgelegt werden. Die Begleitung in einer stationären Einrichtung kann intensiver erfolgen, als bei einer ambulanten Betreuung. Die reicht jedoch in einigen Fällen schon aus.

13.2.3 Der Kinderwunsch

Der Kinderwunsch von Menschen mit geistiger Behinderung muss immer ernst genommen werden. Dahinter stehende Motive unterscheiden sich nur bedingt von denen, die Menschen ohne geistige Behinderung haben. Es sollte darauf geachtet werden, ob ein Bedürfnis hinter dem Kinderwunsch steht, das besser auf andere Weise befriedigt werden kann.

Geht es zum Beispiel darum in eine eigene Wohnung zu ziehen oder mehr Verantwortung übertragen zu bekommen, ist ein Kind sicher kein geeignetes Mittel um das zu erreichen.

In jedem Fall sollte offen darüber gesprochen werden, wie sich die Person das Leben mit einem Kind vorstellt und wie es wahrscheinlich aussehen wird. Wichtig ist, nicht stellvertretend für die Person eine Entscheidung treffen zu wollen, sondern ihr dazu zu verhelfen die Folgen abschätzen zu können, um dann selbst eine Entscheidung zu treffen. Niemand hat das Recht, Menschen mit einer geistigen Behinderung eine Elternschaft auszureden oder zu verbieten. Vielmehr besteht die Aufgabe darin sie zu informieren und auch vor möglichen Folgen zu warnen.

Damit kann erreicht werden, dass eine kompetente Entscheidung getroffen werden kann, bei der die Personen sich im Klaren darüber sind welche Aufgaben als Mutter/Vater auf sie zukommen und welche Folgen die Entscheidung für ein Kind hat.

Um die Entscheidungsfindung zu unterstützen, erscheint ein Familienpraktikum oder das Hospitieren in einer Kindertagesstätte sehr sinnvoll. Dort können Menschen mit geistiger Behinderung einen Einblick bekommen, was es heißt, sich um ein Kind kümmern zu müssen und welche Aufgaben damit verbunden sind.

Unabhängig von der Schwere der geistigen Behinderung ist es unmöglich vorab festzustellen, ob eine Frau mit geistiger Behinderung in der Lage sein wird, ihr Kind zu versorgen.

13.2.4 Die Entscheidung für die Elternschaft

Die Entscheidung, ob ein Paar mit geistiger Behinderung ein Kind bekommen möchte oder nicht, ist allein ihre Entscheidung. Menschen mit einer geistigen Behinderung haben ein Recht auf Familienplanung und damit auch darauf selbst zu entscheiden, ob und wann sie Kinder bekommen möchten. Das Recht gründet sich im Grundgesetz und der Aussage, dass niemand wegen seiner Behinderung benachteiligt werden darf. Das bedeutet nicht, dass Betreuungspersonen nicht die Pflicht haben die Konsequenzen zu Verdeutlichen und vor möglichen negativen Folgen zu warnen. Vor einer Schwangerschaft sollten alle Details besprochen werden, um eine informierte, kompetente Entscheidung der Menschen mit geistiger Behinderung zu ermöglichen. Es sollte besprochen werden, ob und wohin die Familie umziehen müsste, um mit dem Kind zusammen leben zu können. Die sich daraus ergebenden Konsequenzen sollten den potenziellen Eltern bewusst sein.

13.2.5 Die Schwangerschaftsbegleitung

Die Begleitung der Schwangerschaft sollte so früh wie möglich beginnen, damit die Eltern sich auf die neue Situation einstellen können und die

Frau Vorsorgeuntersuchungen wahrnehmen kann. Das Leben mit dem Kind muss geplant werden und eventuell eine geeignete Wohneinrichtung gefunden werden.

Die Mutter muss über Körperpflege, gesunde Ernährung und Risikofaktoren für die Schwangerschaft informiert werden. Dadurch kann eine Gefährdung des Kindes und eine eventuelle Behinderung durch Fehlverhalten der Mutter vorgebeugt werden.

Die Vorbereitung auf die Pflege und Erziehung des Kindes sollte ebenfalls so früh wie möglich beginnen, damit die Eltern nach der Geburt wichtige Kenntnisse und Praktiken kennen.

13.2.6 Rechtliche Aspekte der Elternschaft

Das Gesetz erfüllt bei einer Elternschaft zwei Funktionen. Auf der einen Seite schützt es die Familie vor Eingriffen und auf der anderen wird das Kindeswohl sichergestellt. Das Wohl des Kindes ist in jedem Fall vorrangig.

Menschen mit einer geistigen Behinderung, die eine rechtliche Betreuung haben, können das Sorgerecht für ihr Kind ausüben. Im Einzelfall entscheidet jedoch der Richter des zuständigen Familiengerichts, ob das Sorgerecht bei den Eltern verbleibt oder das Kind einen Vormund bekommt. Ein Eingriff in die elterliche Sorge kann nur durch die akute Gefährdung des Kindeswohls gerechtfertigt werden.

Eine Trennung des Kindes von den Eltern ist die letzte Möglichkeit, wenn alle anderen Hilfsangebote des Jugendamtes nicht angenommen wurden oder nicht den gewünschten Erfolg brachten. Die geistige Behinderung der Eltern allein rechtfertigt keine Trennung.

Um die elterliche Sorge ausüben zu können, müssen die Eltern geschäftsfähig sein. Wurde die Geschäftsunfähigkeit festgestellt, ruht die elterliche Sorge und das Kind bekommt einen Vormund. In diesem Fall hat das Kind ein Umgangsrecht mit den Eltern, das vom Familiengericht festgelegt wird.

Wird schon vor der Geburt deutlich, dass die Eltern das Sorgerecht nicht ausüben können, wird das Jugendamt gesetzlicher Vertreter des Kindes.

Ein Kind von Eltern mit geistiger Behinderung kann nicht ohne weiteres zur Adoption frei gegeben werden. Die Einwilligung eines Elternteils kann jedoch ersetzt werden, wenn er aufgrund einer schweren geistigen oder seelischen Behinderung zur Pflege und Erziehung des Kindes dauerhaft nicht in der Lage ist und das Unterbleiben einer Adoption das Aufwachsen des Kindes in einer Familie verhindern würde.

13.2.7 Die Betreuungsmöglichkeiten

Die Betreuungsmöglichkeiten lassen sich in stationäre und ambulante Hilfen unterteilen. Die Eltern können mit dem Kind in einem Wohnheim oder einer Wohngruppe leben, bei der die Begleitung am intensivsten ist. Bei der ambulanten Betreuung leben die Eltern in einer eigenen Wohnung und bekommen in den Bereichen Unterstützung, in denen es notwendig ist. Wie eine Familie betreut werden muss, kann nur individuell festgestellt und geplant werden. Haben die Eltern vor der Schwangerschaft in einem Wohnheim gelebt, kann davon ausgegangen werden, dass sie auch mit dem Kind stationär begleitet werden müssen.

Weil stationäre Einrichtungen der Behindertenhilfe keine geeigneten Unterbringungsmöglichkeiten für Eltern mit geistiger Behinderung und ihre Kinder haben und die notwendige Förderung der Kinder nicht leisten können, ist es sehr wahrscheinlich, dass die stationäre Einrichtung aufgrund der Schwangerschaft und der Elternschaft gewechselt werden muss.

Aufgrund mangelnder Erfahrung und ungenügendem Wissen über Kindesentwicklung ist die Gefahr einer Entwicklungsverzögerung des Kindes zu groß, um vom Jugendamt genehmigt zu werden. In den meisten Fällen kann das Kind nur bei den Eltern bleiben, wenn sie in eine geeignete Einrichtung umziehen. Bei der ambulanten Betreuung ist ein Wechsel des Leistungserbringers ebenfalls sinnvoll, weil die auf Elternschaft spezialisierten Dienste mehr Erfahrung mit der Begleitung von Familien haben und wissen welche Hilfen wie organisiert werden müssen. Der Wechsel des gesamten Umfeldes ist im Zusammenhang mit der Geburt eines Kindes sicherlich immer schwierig, aber das Wohl des Kindes sollte stets im Mittelpunkt stehen. Das Zusammenleben mit dem Kind kann in einer Einrichtung der *Begleiteten Elternschaft* am ehesten gelingen.

13.2.8 Die Finanzierung der begleiteten Elternschaft

Die Eltern haben nach §§ 53 und 54 SGB XII einen Anspruch auf Eingliederungshilfe, wenn sie dem Personenkreis „Menschen mit geistiger Behinderung" zugeordnet sind. Des Weiteren haben sie Anspruch auf Leistungen zur Teilhabe am Leben in der Gemeinschaft nach § 55 SGB IX.

Hilfen zur Erziehung sind in § 27 SGB VIII geregelt und die sozialpädagogische Familienhilfe in § 31 SGB VIII. Die Unterbringung eines Kindes wird vom Jugendamt finanziert.

Bei der Entscheidung über die Hilfeart sollen mehrere Fachkräfte mit den Personensorgeberechtigten und dem Kind einen Hilfeplan erstellen.

Nach § 19 SGB VIII wird eine stationäre Betreuung der Eltern mit dem Kind nur bis zum sechsten Lebensjahr des Kindes übernommen. In Deutschland gibt es zurzeit nur vier Einrichtungen, die die Betreuung von Eltern mit geistiger Behinderung und ihren Kindern im Alter zwischen 12 und 18 Jahren leisten.

Eine Finanzierung, bei der jeweils die Hälfte der Kosten über das SGB IX und die andere Hälfte über das SGB VIII gedeckt werden, scheint üblich zu sein. Schwangere Frauen, die sich in einer Notlage befinden, können zusätzlich Mittel aus der Bundesstiftung „Mutter und Kind – Schutz des ungeborenen Lebens" erhalten.

13.2.9 Die Inhalte der Begleitung

Die Begleitung der Familie soll immer Hilfe zur Selbsthilfe sein. Die Eltern sollen in die Lage versetzt werden, selbstverantwortlich für ihr Kind zu sorgen und es zu erziehen. Es sollen nur notwendige Hilfen angeboten werden, damit die Familie selbst bestimmt leben kann. Die Eltern sollen dahin begleitet werden ihre Rolle und ihre Aufgaben als Eltern wahrnehmen zu können und ihre elterlichen Kompetenzen zu erweitern. Das Kind soll in seiner Entwicklung gefördert werden und sein Wohl sichergestellt sein.

Eine Begleitung kann schon während der Schwangerschaft in einer auf Elternschaft ausgerichteten Einrichtung beginnen. In dieser Zeit sollen die Eltern auf das Kind vorbereitet und ein gesunder Lebenswandel praktiziert werden. Eine Bindung zwischen Mutter und Kind soll entstehen. Während der Elternschaft bekommen die Eltern Unterstützung im hauswirtschaftlichen und finanziellen Bereich, bei Einkäufen, bei Ämtergängen und dem Kontakt zum Jugendamt. Des Weiteren werden sie bei der Pflege und Versorgung des Kindes angeleitet und unterstützt. Sie bekommen Hilfe bei der Erziehung und Förderung des Kindes.

Auch Hilfe bei der Aufarbeitung der eigenen Lebensgeschichte kann wichtig sein, wenn das Kind durch Missbrauch entstanden ist. Die Eltern werden in ihrer Selbständigkeit und Eigenverantwortung gefördert und bekommen Hilfe beim Aufbau sozialer Beziehungen und beruflicher Ziele.

Wichtig ist auch die Unterstützung der Eltern-Kind-Beziehung und eventuell eine Vorbereitung und Begleitung der Trennung von dem Kind.

Die Verantwortung für das Kind soll so weit wie möglich bei den Eltern verbleiben. Mitarbeiter stellen die Pflege, Versorgung und die Erziehung des Kindes sicher, wenn die Eltern dazu kurzfristig nicht in der Lage sind. Entwicklungsverzögerungen sollen kompensiert und das Kind angemessen gefördert werden. Es bekommt Unterstützung in der Schulzeit und beim Knüpfen von Kontakten außerhalb der Einrichtung. Kontakte zu weiteren Familienmitgliedern werden gefördert und eine Auseinandersetzung mit der Behinderung der Eltern unterstützt.

13.2.10 Die Dauer der Begleitung

Die Begleitung der Eltern soll so lange wie nötig und so kurz wie möglich stattfinden. Sie kann aus verschiednen Gründen beendet werden.

Arbeiten die Eltern nicht mit der Einrichtung zusammen und lehnen jegliche Hilfen ab, kann eine Begleitung nicht stattfinden und wird beendet. Das Verbleiben des Kindes bei den Eltern ist dann nicht mehr möglich. Eine Begleitung kann aber auch beendet werden, wenn die Eltern keine Unterstützung mehr brauchen und alleine für ihr Kind sorgen können. Bevor eine stationäre Begleitung beendet wird, folgt meistens ein Umzug in eine eigene Wohnung, in der die Familie dann ambulant betreut wird.

Kann das Kindeswohl trotz intensiver Begleitung nicht sichergestellt werden, ist eine Trennung von Eltern und Kind notwendig. Der Trennungsprozess sollte professionell begleitet werden, damit die Eltern und das Kind die Trennung verarbeiten können und die Mutter nicht erneut schwanger wird, um den Verlust des Kindes zu ersetzen.

13.2.11 Empfehlenswerte Literatur zum Thema

Bundesvereinigung Lebenshilfe für Menschen mit geistiger Behinderung e.V. (Hrsg.) (2006): Unterstützte Elternschaft: Eltern mit geistiger Behinderung (er)leben Familie. Marburg: Lebenshilfe Verlag

Gellenbeck, O. (2003): „...aber wünschen kann ich mir ein Kind doch trotzdem" Zu Sexualität und Elternschaft bei geistig behinderten Menschen mit einer Konzeptentwicklung für Unterstützungsmöglichkeiten im Wohnheimbereich. Bochum: Schriftenreihe der Evangelischen Fachhochschule Rheinland-Westfalen-Lippe

Pixa-Kettner, U.; Bargfrede, S.; Blanken, I.; Bundesministerium für Gesundheit (Hrsg.) (1996): „Dann waren sie sauer auf mich, dass ich das Kind haben wollte...". Eine Untersuchung zur Lebenssituation geistig behinderter Menschen mit Kindern in der BRD. Baden-Baden: Nomos Verlag

Wohlgensinger, C. (2007): Unerhörter Kinderwunsch. Die Elternschaft von Menschen mit geistiger Behinderung: Eine Betrachtung aus sonderpädagogisch-ethischer Perspektive. Luzern: Edition SZH CSPS

13.2.12 Links

Bbe e.V. Bundesverband behinderter und chronisch kranker Eltern:

http://www.behinderte-eltern.de/Papoo_CMS/

Beratungsstelle Pro Familia:

http://www.profamilia.de

Bundesministerium für Familie, Senioren, Frauen und Jugend:

http://www.bmfsfj.de

Bundesverband der Pflege- und Adoptivfamilien e.V.:

http://www.pfad-bv.de

Bundesvereinigung Lebenshilfe für Menschen mit geistiger Behinderung e.V.:

www.lebenshilfe.de

Bundeszentrale für gesundheitliche Aufklärung:

http://www.bzga.de/

Deutscher Bildungsserver:

http://www.bildungsserver.de/zeigen.html?seite=1964

Deutsche Gesellschaft für Familienplanung, Sexualpädagogik und Sexualberatung e.V.:

http://www.sextra.de

Familienhandbuch des Staatsinstituts für Frühpädagogik:

http://www.familienhandbuch.de/cmain/f_Aktuelles/a_Behinde rung/s_986.html

IFB Interessengemeinschaft für Behinderte e.V.:

http://www.ifbev.de

Netzwerk Herkunftseltern:

http://www.netzwerk-herkunftseltern.de

Staatlich anerkannte Beratungsstellen für Schwangerschaftsfragen an den Landratsämtern in Bayern:

http://www.schwangerinbayern.de/schwangerenberatung/them en/gesundheit/elternschaft-behinderter menschen.html

14   Literaturverzeichnis

Achilles, I. (1990): Was macht ihr Sohn denn da? Geistige Behinderung und Sexualität. München: Piper Verlag

Adam, H.: Wenn der schlafende Hund in den Brunnen gefallen ist... Kinderwunsch und Elternschaft von Menschen mit geistiger Behinderung in Lehrplänen.
Im Internet: URL: http://www.uni-leipzig.de/~gbpaed/texte/baende/wien.html (Datum der Recherche: 02.06.2008)

Antor, G.; Bleidick, U. (2000): Behindertenpädagogik als angewandte Ethik. Stuttgart: Verlag W. Kohlhammer

Bach, H. (1997): Hilfe zur Selbstbestimmung als kalkuliertes Risiko. In: Bundesvereinigung Lebenshilfe für Menschen mit geistiger Behinderung e. V. (Hrsg.): Selbstbestimmung: Kongressbeiträge; Dokumentation des Kongresses „Ich weiß doch selbst, was ich will! – Menschen mit geistiger Behinderung auf dem Weg zu mehr Selbstbestimmung" vom 27. September bis zum 1. Oktober 1994 in Duisburg. 2. Auflage, Marburg: Lebenshilfe-Verlag, S. 66-69

Bargfrede, S.; Blanken, I.; Pixa-Kettner, U. (1997): Wie weit geht die Selbstbestimmung beim Wunsch nach einem eigenen Kind? In: Bundesvereinigung Lebenshilfe für Menschen mit geistiger Behinderung e. V. (Hrsg.): Selbstbestimmung: Kongressbeiträge; Dokumentation des Kongresses „Ich weiß doch selbst, was ich will! – Menschen mit geistiger Behinderung auf dem Weg zu mehr Selbstbestimmung" vom 27. September bis zum 1. Oktober 1994 in Duisburg. 2. Auflage, Marburg: Lebenshilfe-Verlag, S. 219-235

Beier, K.; Bosinski, H.; Hartmann, U.; Loewit, K. (2001): Sexualmedizin. Grundlagen und Praxis. München und Jena: Urban & Fischer Verlag

Betheler Arbeitstexte 6 (1993): Kinderwunsch und Elternschaft von Menschen mit einer geistigen Behinderung. Eine Orientierungshilfe. Bielefeld: Bethel-Verlag

Bleidick, U.; Hagemeister, U. (1998): Einführung in die Behindertenpädagogik. Band 1. Stuttgart, Berlin und Köln: Verlag W. Kohlhammer

Bollag, E. (2001): Onanie – schwere Sünde? Ausdruck defizitärer oder zu genießender „Sex for One"? In: Bannasch, M. (Hrsg): Behinderte Sexualität – verhinderte Lust? Zum Grundrecht auf Sexualität für Menschen mit Behinderung. Neu-Ulm: AG. SPAK Publikationen

Brüll, H.-M.; Schmid, B. (2008): Leben zwischen Autonomie und Fürsorge. Beiträge zu einer anwaltschaftlichen Ethik. Freiburg im Breisgau: Lambertus-Verlag

Bundesverband behinderter und chronisch kranker Eltern – BbE e.V. (Hrsg.) (2001): Assistenz bei der Familienarbeit für behinderte und chronisch kranke Eltern. Ratgeber für die Organisation von personellen Hilfen bei der Pflege und Erziehung der Kinder. Löhne: bbe e.V.

Bundesvereinigung Lebenshilfe für geistig Behinderte e.V. (Hrsg.) (1976): Geistige Behinderung, Partnerschaft, Sexualität. Bericht von dem internationalen Symposium der Bundesvereinigung Lebenshilfe für geistig Behinderte e.V. Schriftenreihe Lebenshilfe Band 2. Marburg/Lahn: Lebenshilfe Verlag

Bundesvereinigung Lebenshilfe für Menschen mit geistiger Behinderung e.V. (Hrsg.) (1990): Grundsatzprogramm der Lebenshilfe. Marburg: Lebenshilfe Verlag

Bundesvereinigung Lebenshilfe für Menschen mit geistiger Behinderung (Hrsg.) (1996): Selbstbestimmung: Kongressbeiträge; Dokumentation des Kongresses: "Ich weiß doch selbst, was ich will! – Menschen mit geistiger Behinderung auf dem Weg zu mehr Selbstbestimmung" vom 27. September bis zum 1. Oktober 1994 in Duisburg. Marburg: Lebenshilfe Verlag

Bundesvereinigung Lebenshilfe für Menschen mit geistiger Behinderung e.V. (Hrsg.) (2006): Unterstützte Elternschaft. Eltern mit geistiger Behinderung (er)leben Familie. Marburg: Lebenshilfe Verlag

Ceschi, S. (1998): „Ich hatte ja selber Angst vor dem, was auf mich zukommt..." In: Insieme Nr. 3, (1998)

Im Internet: URL: http://www.insieme.ch/pdf/ich_hatte_angst.pdf (Recherche am: 12.05.2008)

Deutscher Bildungsrat (Hrsg.) (1973): Empfehlung der Bildungskommission. Stuttgart: Klett Verlag

Deutsches Institut für Medizinische Dokumentation und Information: Internationale Statistische Klassifikation der Krankheiten und verwandter Gesundheitsprobleme. Zehnte Revision. Kapitel V.

Im Internet: URL: http://www.psychotherapie.de/psychodiagnostik/icd-10/ (Recherche am 16.05.2009)

Dörner, K. (1987): Was unterscheidet die heutigen Überlegungen zur Sterilisation von Menschen mit geistiger Behinderung von der Zwangssterilisation der NS-Zeit? In: Neuer-Miebach, T.; Krebs, H. (Hrsg.): Schwangerschaftsverhütung bei Menschen mit geistiger Behinderung – notwendig, möglich, erlaubt? Referate und Diskussionsergebnisse der Fachtagung im Juni 1987 in Marburg/Lahn. Marburg/Lahn: Bundesvereinigung Lebenshilfe für geistig Behinderte e.V., S. 39-53

Dreyer, P. (1988): Ungeliebtes Wunschkind. Eine Mutter lernt, ihr behindertes Kind anzunehmen. Frankfurt am Main: Fischer Verlag

Fegert, J.- M.; Bütow, B.; Fetzer, A.- E.; König, C.; Ziegenhain, U. (Hrsg.) (2007): „Ich bestimme mein Leben ...und Sex gehört dazu." Geschichten zu Selbstbestimmung, Sexualität und sexueller Gewalt für junge Menschen mit geistiger Behinderung. Ulm: Der Paritätische Sachsen-Anhalt

Gellenbeck, O. (2003): „...aber wünschen kann ich mir ein Kind doch trotzdem". Zu Sexualität und Elternschaft bei geistig behinderten Menschen mit einer Konzeptentwicklung für Unterstützungsmöglichkeiten im Wohnheimbereich. Bochum: Schriftenreihe der Evangelischen Fachhochschule Rheinland-Westfalen-Lippe

Hermes, G. (Hrsg) (2001): Krücken, Babys und Barrieren. Zur Situation behinderter Eltern in der Bundesrepublik. 2. Auflage. Kassel: bifos Schriftenreihe

Höffe, O. (1997): Lexikon der Ethik. 5. Auflage. München: C.H. Beck Verlag

Horster, D. (1999): Postchristliche Moral. Eine sozialphilosophische Begründung. Hamburg: Junius Verlag

Hungerland, B. (2002): „Wie viel Zeit für's Kind? Zur gesellschaftlichen Produktion generationaler Ordnung durch elterliche Zeitinvestition." Wuppertal: Universität Wuppertal, Dissertation

Im Internet: URL: http://deposit.ddb.de/cgi-bin/dokserv?idn= 972416137 &dok_var=d1&dok_ext=pdf&filename=972416137.pdf# page=284 (Recherche: 06.05.2009)

Krebs, H. (1985): Partnerschaft, Sexualität und Kontrazeption bei geistig behinderten Menschen. In: Fortschritte der Medizin Nr. 8, (1985), S. 26ff. In: Walter, J. (Hrsg.) (2005): Sexualität und geistige Behinderung. Heidelberg: Universitätsverlag Winter, S. 291

Lempp, R. (1982): Pubertät und Adoleszenz beim geistig behinderten Menschen. In Walter, J. (Hrsg.) (2005): Sexualität und geistige Behinderung. Heidelberg: Universitätsverlag Winter

Lindmeier, C. (2004): Geistige Behinderung.
Im Internet: URL: http://www.familienhandbuch.de/cmain/ f_Aktuelles/a _Behinderung/s_334.html (Datum der Recherche: 16.05.2008)

Lux, U.; Bildungs- und Forschungsinstitut zum selbst bestimmten Leben Behinderter- bifos e.V. (Hrsg.) (2000): Behinderte Eltern: (Fast) unsichtbar und doch überall. Expertise zur Lebenssituation von Eltern mit Körper- und Sinnesbehinderungen in der Bundesrepublik Deutschland. Kassel: bifos e.V.

Mattke, U. (2005): „Unsere Kinder brauchen das nicht!" Die Behinderung der Sexualität von Menschen mit Behinderungen. In: Fachbereichstag Heilpädagogik (2005): Jahrbuch Heilpädagogik 2005. Berlin: OBHP-Verlag

Mill, J. S. (1974): Über die Freiheit. Stuttgart: Reclam Verlag

Möller, K. (2005): Paternalismus und Persönlichkeitsrecht. Schriften zum öffentlichen Recht Band 982. Berlin: Duncker & Humblot Verlag

Mühl, H. (1984): Einführung in die Geistigbehindertenpädagogik. Stuttgart: Verlag W. Kohlhammer

Müllers-Heymer, E. (2001): Seitdem ich meine Tochter habe, bin ich nicht mehr doof. In: Lebenshilfe- Zeitung Nr. 3, (2001)
Im Internet: URL: http://www.lebenshilfe.de/wDeutsch/ aus_fachlicher_sicht/artikel/meine-tochter.php (Recherche am 30.05.2009)

Niederhofer, H. (2004): Bindung bei geistig behinderten Kindern.

Im Internet: URL: http://www.familienhandbuch.de/cmain/ f_Aktuelles/a_ Behinderung/s_457.html (Recherche am 13.05.2008)

Osbahr, S. (2000): Selbstbestimmtes Leben von Menschen mit einer geistigen Behinderung. Beitrag zu einer systemtheoretisch- konstruktivistischen Sonderpädagogik. Luzern: Edition SZH/SPC

Peintinger, M. (2009): Ärztin und Ethik. Grundsätzliche Aspekte

Im Internet: URL: http://www.meduniwien.ac.at/user/michael. peintinger/aktuelles/b23_2009_autonomie_apbez_aufkl.pdf (Recherche am 24.04.2009)

Pixa-Kettner, U.; Bargfrede, S.; Blanken, I.; Bundesministerium für Gesundheit. (Hrsg.) (1996): „Dann waren sie sauer auf mich, dass ich das Kind haben wollte..." Eine Untersuchung zur Lebenssituation geistig behinderter Menschen mit Kindern in der BRD. Baden-Baden: Nomos Verlag

Pixa-Kettner, U.; Der Bundesminister für Gesundheit (Hrsg.) (1996): „Dann waren sie sauer auf mich, dass ich das Kind haben wollte...". Schriftenreihe des Bundesministeriums für Gesundheit Band 75. Baden-Baden: Nomos Verlag

Pixa-Kettner, U. (2002): Neue Wege in der Behindertenpolitik. Vernetzte Hilfen für Eltern, die in ihrer geistigen Entwicklung beeinträchtigt sind, und ihre Kinder. Dokumentation des Fachworkshops vom 07.11.2002. Veranstaltet von MOBILE – Selbstbestimmtes Leben Behinderter e.V. Dortmund: MOBILE – Selbstbestimmtes Leben e.V.

Im Internet: URL: http://www.mobile-dortmund.de (Recherche am: 11.05.2008)

Pixa-Kettner, U. (2004a): Elterliche Kompetenzen bei Eltern mit geistiger Behinderung. Paradoxon oder Hinweis auf Kernelemente kindlicher Entwicklungsunterstützung? Präsentation im Rahmen der Ringvorlesung „Familie als wichtigste Bildungsinstitution?! Leitbild – Zukunft – Familie" zum Thema „Kernelemente kindlicher Entwicklungsunterstützung" am 07. Dezember 2004 an der Universität Bremen

Im Internet: URL: http://mlecture.uni-bremen.de/intern/ws2004 _2005/fb12 /vak-12-263/ 20041207/folien.pdf (Recherche am: 06.05.2009)

Pixa-Kettner, U. (2004b): Elterliche Kompetenzen bei Eltern mit geistiger Behinderung. Paradoxon oder Hinweis auf Kernelemente kindlicher Entwicklungsunterstützung? Pressetext zum Vortrag von Prof. Dr. Ursula Pixa-Kettner am Dienstag, dem 07. Dezember 2004 - Teil 7 der Ringvorlesung.

Im Internet: URL: http://www.familienbildung.uni-bremen.de/ veranstaltungen/pixa/pixa_pe20041207.pdf (Recherche am: 20.05.01209)

Pixa-Kettner, U. (2006): Elternschaften von Menschen mit geistiger Behinderung in Deutschland. Ergebnisse einer zweiten bundesweiten Fragebogenerhebung.

Im Internet: URL: http://www.beb-ev.de (Datum der Recherche: 30.04.2008)

Pixa-Kettner, U. (2007): Elternschaft von Menschen mit geistiger Behinderung. Ergebnisse einer empirischen Nachfolgestudie und mögliche Schlussfolgerungen. Vortrag Kassel 12.10.2007, Fachtag „Dann waren sie sauer auf mich..."

Im Internet: URL: www.awo-potsdam.de/cms/showfile php?act=download&datei=../data/pdf/...pdf (Recherche am: 06.05.2009)

Pixa-Kettner, U. (Hrsg.) (2008): Tabu oder Normalität? Eltern mit geistiger Behinderung und ihre Kinder. 2. Auflage. Heidelberg: Universitätsverlag Winter

Pro Familia (Hrsg.) (1998): Sexualität und geistige Behinderung. Frankfurt: Selbstverlag

Pro Familia (Hrsg.) (2005): Recht auf Familienplanung.
Im Internet: URL: http://www.profamilia.de/article/show/1803.html (Datum der Recherche: 01.04.2009)

Sanders, D. (2003): Lebenssituation der Kinder geistig behinderter Eltern. Erfurt: Universität, Unveröffentlichte Dissertation

Seifert, M. (1997): Lebensqualität und Wohnen bei schwerer geistiger Behinderung. Theorie und Praxis. Reutlingen: Diakonie-Verlag

Stascheit, U. (2007): Gesetze für Sozialberufe. Frankfurt am Main: Nomos Verlag

Staudemaier, M. (2004): Elternschaft von Menschen mit geistiger Behinderung. Evaluation der Betreuungssituation von Eltern(-teilen) mit leichter und mittlerer geistiger Behinderung in der Deutschschweiz. Zürich: Universität, Unveröffentlichte Lizenziatsarbeit.

Szagun, G. (2000): Bedeutungsentwicklung beim Kind. München: Urban Verlag

Vlasak, A. (2006): Untersuchung zu Möglichkeiten und Grenzen des Zusammenlebens von Eltern mit geistiger Behinderung und ihren Kindern in Einrichtungen der Eingliederungshilfe/Jugendhilfe im Land Brandenburg. Elterliche Kompetenz und Kindeswohl.
Im Internet: URL: http://www.lja.brandenburg.de/sixcms/media.php/2411/Expertise %20-%20Expertise%20-%20Expertise.pdf (Recherche:12.05.2009)

Volz, F. R.; Senatsverwaltung für Bildung (Hrsg.) (2007): Person. In: „Ethische Reflexionen – zu Themen des Rahmenlehrplans Ethik". Reihe „Bildung für Berlin". Wissenschaft und Forschung, Redaktion M. Zimmermann, Berlin: Senatsverwaltung für Bildung, S. 31-35

Walter, J. (1994): Sexualität und Geistige Behinderung
Im Internet: URL: http://bidok.uibk.ac.at/library/walter-sexualitaet.html (Recherche am: 12.05.2008)

Walter, J. (1996): Grundrecht auf Sexualität? In: Bundeszentrale für gesundheitliche Aufklärung (Hrsg.) (2000): Sexualpädagogik zwischen Persönlichkeitslernen und Arbeitsfeldorientierung. Band 16.
Im Internet: URL:http://www.bzga.de/?uid=a83b90c0e52246d 4110db28c1b4ea496&id=medienarchiv&idx=427 (Recherche am: 16.05.2009)

Walter, J. (2000): Selbstbestimmte Sexualität als Menschenrecht, eine Selbstverständlichkeit auch für Menschen mit Beeinträchtigungen! Überarbeitete Fassung eines Vortrages bei der Fachtagung „Tabu und Zumutung" am 23. November 2000 in Berlin.
Im Internet: URL: http://forum.sexualaufklaerung.de/ index.php?docid=663 (Recherche am: 11.05.2009)

Walter, J. (Hrsg.) (2005): Sexualität und geistige Behinderung. 6. Auflage. Schriftenreihe Band 1. Heidelberg: Universitätsverlag Winter

Weinert, F. E. (2001): Vergleichende Leistungsmessung in Schulen - eine umstrittene Selbstverständlichkeit. In: Weinert, F. E. (Hrsg.): Leistungsmessung in Schulen. Weinheim und Basel: Beltz Verlag. In: Wikipedia, Kompetenz (Psychologie).
Im Internet: URL: http://de.wikipedia.org/wiki/Kompetenz_ (Psychologie) (Recherche am: 06.05.2009)

Weingärtner, C. (2005): Selbstbestimmung und Menschen mit schwerer geistiger Behinderung. Tübingen: Eberhard-Karls-Universität, Dissertation

Im Internet: URL: http://deposit.ddb.de/cgi-bin/dokserv?idn= 97490192X (Datum der Recherche: 05.05.2009)

Wikipedia, Die freie Enzyklopädie: Das Normalisierungsprinzip

Im Internet: URL: http://de.wikipedia.org/wiki/ Normalisierungsprinzip (Recherche am: 12.05.2008)

Wikipedia, Die freie Enzyklopädie: Kategorischer Imperativ

Im Internet: URL: http://de.wikipedia.org/wiki/Kategorischer_ Imperativ (Recherche am: 21.04.2009)

Wikipedia, Die freie Enzyklopädie: Selbstbestimmung

Im Internet: URL: http://de.wikipedia.org/wiki/ Selbstbestimmung (Recherche: 21.04.2009)

Wohlgensinger, C. (2007): Unerhörter Kinderwunsch. Die Elternschaft von Menschen mit geistiger Behinderung: Eine Betrachtung aus sonderpädagogisch-ethischer Perspektive. Luzern: Edition SZH CSPS

Zinsmeister, J. (2006): Staatliche Unterstützung behinderter Mütter und Väter bei der Erfüllung ihres Erziehungsauftrages. Rechtsgutachten im Auftrag des Netzwerks behinderter Frauen Berlin e.V. mit Unterstützung der Aktion Mensch. Nürnberg und Köln.

Im Internet: URL: http://bidok.uibk.ac.at/library/zinsmeister-rechtsgutachten.html (Recherche am: 30.04.2008)